AF325250

# LES POESIES

## DE

# GUILLAUME COQUILLART,

## OFFICIAL

## DE L'EGLISE DE REIMS.

## A PARIS,


De l'Imprimerie d'ANTOINE-URBAIN COUSTELIER,
Imprimeur-Libraire de S. A. R. Monseigneur
le Duc d'Orleans.

M. DCC. XXIII.

# LETTRE

*A Mr. Tartel, Conseiller du Roy, Controlleur General des Restes, Avocat au Conseil, sur la nouvelle Edition de Coquillart.*

## Monsieur,

Il n'y a aucun de nos Poëtes François du moyen âge qui soit parvenu jusqu'à nous en aussi mauvais ordre que le *Coquillart*. Marot, qui s'est donné la peine de revoir les Poësies de *Villon*, nous auroit rendu un grand service, s'il eût pris les mêmes soins pour celui-cy, qui pour la gentillesse du stile, le tour du Vers & la finesse des pensées ne meritoit pas moins que *Villon* les soins d'un Editeur intelligent; il y a même d'autres motifs que ceux des irregularitez qui se rencontrent dans la diction & dans la versification, qui auroient dû determiner à travailler sur notre Poëte; il vivoit dans un temps où il s'est passé de grandes choses par rapport à la discipline ecclesiastique : ceux qui entendent ces matieres, reconnoîtront aisément qu'il les avoit en vûë au milieu de ses saillies les plus burlesques.

Les Editions de *Galiot du Pré* & de *Jehan Longis*, dont la premiere est tres-bien imprimée & tres-estimée des curieux, sont celles que nous avons euës devant les yeux en travaillant à cette nouvelle Edition; nous avons tiré de l'Edition in 4° go-

thique chez *Allain Lotrian* quelques pieces qui font
conftamment de *Coquillart*, & qui manquent dans
toutes les autres Editions, nous n'avons pas même
negligé d'en faire imprimer quelques autres que la
même Edition attribue à *Coquillart*, qui pourroient
bien n'être pas fortis de fa plume. Quant à l'ortogra-
phe & à la mefure des Vers de *Coquillart*, qui font
l'un & l'autre dans un tres-grand defordre, nous n'y
avons fait aucun changement, & cette conduite
nous a été fingulierement prefcrite par toutes les
perfonnes verfées dans ce genre de litterature.

Il refte, Monfieur, à vous dire quelque chofe de la
perfonne de *Guillaume Coquillart*. Il eft qualifié
à la tefte de toutes les Editions *Official de l'Eglife
de Reims*, & la Croix du Maine ne nous en ap-
prent pas davantage. Il faut avoüer que nos anciens n'étoient gueres curieux de ces fortes de
recherches; vous en avez pu juger par le peu
de notions qui font reftées de noftre Poëte *Villon*, & par l'Auteur de la Farce de Pathelin qui
nous eft entierement inconnu. La Croix du Maine
avance que Coquillart *floriffoit* à *Reims* en *Champagne* en 1478; en effet on trouve dans *l'Enquefte
de la Simple & de la Rufée*, deux dattes, l'une de
1470. & l'autre de 1478; noftre Poëte vivoit
encore fous Charles VIII. comme il paroît par
une piece de Vers qu'il compofa pour l'entrée du Roy dans la ville de Reims, lors qu'il y
alla fe faire facrer en 1484 *Jean Juvenel des Urfins*
Archevéque de Reims dans fon teftament du 18.
Septembre 1472. nomme pour executeur un Guillaume Coquillart. *Exfecutores nomino Magiftros Euf-
tachium, Johannem Juvenalem de Urfinis nepotes meos,
dominum Ludovicum Epifcopum Trecenfem, Officiales meos,
Sigilliferum, Johannem Chardon Ballivium meum, &
Guillielmum Coquillart Procuratorem meum, &c.* Mar-

lot Hift. Eccl. Rem. p. 745. T. 11. * Marot eft
prefque le feul de nos Auteurs anciens qui fe foit
fouvenu de Coquillart. Il a pris plaifir de fe jouer
fur le nom & fur les armes de noftre Poëte dans
cette Epitaphe en vers.

> *La morre eft un jeu pire qu'aux quilles,*
> *Ne qu'aux echecs, ne qu'au quillart;*
> *A ce mechant jeu Coquillart*
> *Perdit fa vie, & fes coquilles.*

J'ay veu une remarque d'un très habile homme
fur cette Epigrame que je placeray ici dautant
plus librement, que je ne fuis point partifant
aveugle de nos anciens Poëtes. *L'allufion de La
Mourre, ou, comme il dit de la Morre à la mort,
eft bien puerile, & ce n'eft pas là ce badinage qu'a
entendu Defpreaux quand il a dit; Imitez de Marot l'e-
legant badinage.* Dans un autre endroit Marot regarde Coquillart comme l'honneur de la Champagne, c'eft dans fon imitation de l'Epigramme,
de Martial l. 1. *Verona docti fyllabos amat vatis, &c.*
où il dit, *de Coquillart s'esjouit la Champaigne.* En
effect au jugement des connoiffeurs, Coquillart
écrit avec une facilité merveilleufe, il parle très-
bien pour fon temps, & peut eftre lirions nous
fes ouvrages avec plus de fatisfaction, s'ils é-
toient tombez entre nos mains tels qu'ils font
fortis des fiennes. Mais je ne m'attacheray pas
davantage à faire valoir les beautés de noftre
Poëte, elles vous échaperont moins qu'à per-

---

* On trouve dans les Oeu-
vres latines en vers & en pro-
fe de *Nicolas Ori* de Reims
en Champagne, imprimée en
1507. in fol. a Lyon trois
Epigrammes adreffées à Guillaume Coquillart, mais elles
ne contiennent rien qui puiffe
fervir à le faire connoiftre.

ſonne, & dailleurs je ſçay combien vous eſtes
en garde contre les autoritez & les prejugez, ſur-
tout en matiere d'ouvrages d'eſprit. Je ſouhaitte
Monſieur que les differens ouvrages que nous
donnons de temps en temps au public, contri-
buent à vous delaſſer de vos occupations ſerieu-
ſes.

Je ſuis, &c.

# LES DROITZ

## NOUVEAULX

### DE

## COQUILLART.

RISQUES mignons, bruyans en-
fans,
Monde nouveau, gens triumphans,
Peuple tout confit en images,
Parfaits ouvriers, grans maitres Je-
hans,
Toujours pensans, veillans, songeans,
A bastir quelques haulx ouvrages ;
Farouches, privez, & ramaiges,
Humains, courtois, begnins, sauvages,
Dissimulateurs, inventeurs,
Cueur actif, & saffres couraiges ;
Laissez Bourgades & Villaiges,
Affin d'estre nos auditeurs.
Venez, venez sophistiqueurs,
Gens instruits, plaisans, topiqueurs,

A

Remplis de cautelles latentes,
Expers, habilles, decliqueurs,
Orateurs, grans Rhetoriqueurs,
Garnis de langues esclatantes,
Aprenés nos modes fringantes,
Et nos parolles élegantes,
Nos raisons, nos termes Juristes:
Nos sciences vous sont duisantes,
Et nos traditives plaisantes,
Et nos enseignemens bien mistes.

   Venez pompans, bruyans Legistes,
Medecins & Ypocratistes,
Laissez vos saulces & vos moustardes.
Venez mignons Curialistes,
Musiciens & Organistes,
Et laissez vos Harpes lombardes.
Archiers laissez vos halebardes:
Canonniers laissez vos Bombardes,
Pietons laissez voller vos picques,
Mignons laissez, chevaulx & bardes,
Vos grands battons, vos Becs d'oustardes.
Sophistes laissez voz Logiques,
Ystoriens laissez Croniques,
Gouverneurs laissez Politiques,
Conseilliers laissez vos rapors,
Orateurs laissez Rhetoriques,
Avocatz laissez vos pratiques,
Generaulx laissez vos tresors,
Baillifz laissez vos grans ressors,
Vos fins, vos limites, vos bors;
Capitaines laissez conquestes,
Jusques à la fin de ces festes.
Procureurs laissez les requestes,
Commissaires laissez enquestes,
Ma science est trop plus prisée;
Ouvrez vos yeulx, fendés vos testes,

Oyez nos sciences honnetes,
Puisque l'heure y est disposée.
Venez la Symple & la Rusée,
Qui avez la court abusée,
Venez, on vous enseignera :
La cause eust été terminée,
Entre vous deux, mais ceste année,
Je cuide qu'elle surcerra,
Une aultre foys on y pensera.
Escoutés donc' ce qu'on dira,
Aprenez, soyez clergeresses :
Quelque mot vous y servira,
Quant l'arrest se prononcera,
D'entre vous aultres plaideresses.

C,a mes mignonnes danceresses,
Mes tres plaisantes bavarresses,
Delaissez vos amoureux traitz,
Mes grandes entreteneresses,
Combien que vous soyez maitresses,
Escoutez nos moyens parfaicts,
Cloez l'œil de, je hay telz fais.
Les paupieres de, je m'en tais ;
L'oreille de, tout sonne cas ;
La langue de, tout est mauvais ;
La bouche de, laisse m'en paix ;
Et les dens de, ne me plaist pas ;
Prenez l'art de, je m'en esbas ;
L'ardeur de, vela ung bon pas ;
Le vouloir de, on ne me peult mieulx dire ;
Les grands gestes de, parler bas ;
La façon de, vela mon cas ;
Et le ris de, grand mercy Sire.
Quant est de moy pour vous instruire,
Pour vous recréer & desduire,
J'ay vestu ma chappe d'honneur,
Mon chapperon fourré, pour lire,

4

Mon pulpitre, pour plus hault luire,
Et mon bonnet rond de Docteur,
Ma grant lenterne de liseur,
Mon livre pour estre plus seur,
Sans faillir ne sans repentir.
Les Dames par leurs doulceur
A ce faire, me ont meu le cueur.
Honneste cueur ne peult mentir:
C,a mignons pour vous advertir,
Puis que on voit nos anciens Droitz
Casser, anuller, pervertir,
Par la confusion des Loys,
Et que j'apperçois & congnois,
Que pour trainacer le patin,
Il est de grans clers en Françoys,
Qui ne sont que asnes en latin,
Lesquelz sont vetus de satin,
Et ont or, argent, & joyaulx:
Advisé me suis au matin,
De vous lire des *Droitz Nouveaulx*;
Droitz nouveaulx, Droitz especiaulx,
Droitz dont on use par expres:
Ce ne sont pas Droitz feriaulx,
Les droitz de la porte Baudais,
Nenny non : ce son droitz tous frais,
Droitz de *maintenir* bref & court,
Par les mondains du temps qui court
Et n'y ayt si sot, ne si lourd,
Si nyaiz, ne si mal basty,
Pour faire du gros du demy lourd,
Qui n'use des Droitz du jourd'huy,
Et en effect, de ces Droitz cy,
Toute la premiere rubriche,
C'est, *de Jure Naturali.*
Du Droit naturel je m'y fiche,

Ce droit deffend à povre & riche,
De laiffer par longues journées,
Povres femmellettes en friche
Par faulte d'eftre labourées :
Mais veult qu'elles foyent reparées,
Paifibles en leurs joüyffances,
Toujours maintenuës & gardées,
En toutes mondaines plaifances.
Et penfés quelles alliances
D'amour, & de vraye union,
Leurs fignes & leurs circonftances
Prennent du Droit naturel nom.
Pourquoy ? car la conjunction,
Le faict principal, & meflée,
La fin, la frequentation,
Fut de droit naturel trouvée.

Se en quelque amoureufe affemblée,
Ung mignon peut avoir accès,
Que fera-il de premiere entrée ?
Il prye, il commence ung procès,
Il follicite de fi près,
Que Litifconteftation
Se faict, & puis on vient après
A faire la production.
Et fault produire quelque don,
Quelque affiquet, fi femble beau,
On mettera fans dilation,
Les piéces deffus le Bureau :
Là fe fait ung Droit tout nouveau,
Dieu fçait comme on pratique l'art.
Et fe c'eft ung fot ou ung veau,
Qui n'ait riens produit de fa part,
Que fait-on ? fe c'eft ung coquart,
Qui, peult eftre, a produit trop pou,
On le met à ung fac à part,
Et le laiffe-on pendre au clou.

On l'enporte je ne sçay ou,
Sans en faire longues enquestes,
Et le met-on en ung vieil trou,
Pour les vueilles des haultes festes.

Aucuns par bien bailler requestes,
Obtiennent des provisions :
Les aultres se y rompent les testes,
Et n'ont point d'expeditions :
Telz moyens d'amours, telz façons,
Viennent aux femmes de nature :
Telz industries, telz leçons,
Le droit naturel leur procure.

Beau Sire, si la creature
Prent tous les jours de son mary ;
Le picotin à grant mesure,
Fait-elle mal ? nenny, nenny.
Et s'il est pesant, endormy,
Songeart & qu'il n'y puisse entendre,
Doit-elle point avoir ung amy ?
Je dis qu'il est besoing de attendre
Qu'il soit sommé, avant qu'en prendre
Ailleurs ; & s'il respond, sans plus,
Je me garderay de mesprendre
Quel provision du surplus ;
Ce delay là semble reffus.
Pourtant ne doit point estre mis
Si tost du nombre des cocus.
Le mary par six ou sept nuys,
Combien que s'il passe les dix,
Sans cause, & que le boys s'alume,
Femme peult prier ses amys,
Et faire selon la coustume.

Mes mignons escoutez la plume,
C'est trop le latin escumé :
Faictes tousjours que l'on se fume,
Ainsi qu'avez acoustumé ;

Humez se vous n'avez humé,
Riez comme vous souliez rire,
Semés se vous n'avez semé,
Dictes comme vous souliez dire.
Ne laissez point vos droitz prescrire ;
Soyez songneux de les apprendre,
Car on parle souvent de cuire,
Mais le fournier n'y peult entendre.
Toutes fois batre pour l'esclandre.
Pot à couvert pour les buvans,
Loyal subtil, secret, ou riens.
Nos mignons fringans & bruyans,
Qui brouillent nostre parchemin,
Nos fringans, nos peruquians,
Nos gens traverseurs de chemin,
Ilz font leur compagnon Jennin,
Leur gros vallet Gaultier Fouet,
Leur frere d'armes Guillemin,
Et leur Paige Bec à Brouet.
Qui se enquierent non est ? si est ;
S'elle est Damoyselle ou Bourgoise,
Quel' robe elle a, ne quel corset,
Soubz son chapperon de Pontoise.
S'elle est grave, s'elle se poise,
S'elle a ne mortiers, ne pillectes,
S'elle est fiere, doulce ou courtoise,
S'elle a filz, filles, ne fillettes.
S'elle est du quartier des Billettes,
Gente, cointe, propre ou fetisse,
S'elle a ne rubens, n'éguillettes,
Se c'est ou sucre ou forte épice.
Se l'estat haulse ou apetisse.
Chascun en lit une leçon.
Tantost vela Colin Suysse,
Qui en va faire une chanson.
Quelque Tabourin ou Bourdon,

En orra peult-estre le bruit;
C'est pour dancer ung tourdion,
Et faire une aubade de nuyt.
Ha! qui tiendroit le Droit escript,
Et le droit naturel toujours,
Chascun craindroit grant & petit,
Jamais on ne feroit telz tours.
Il fauldra que l'ung de ses jours,
Pour corriger telz inventeurs,
Venus la Déesse d'amours,
Y envoye ses reformateurs;
Combien que tous ces grans Docteurs,
Ces grans Clercs à ses rouges hucques,
Sont fort embesongnez ailleurs,
Touchant le faict de ses perruques.
Car aujourd'huy de deux freluques,
De cheveulx d'ung petit monceau,
Il semble qu'il y en ayt jusques
Au collet & plain un boisseau;
J'ay veu despescher au Seau,
L'aultre jour des lettres patentes,
Pour couper au rez de la peau,
Telles qui ne sont suffisantes.
Venons aux matieres presentes,
Du droit naturel commencées:
Femmes qui sont belles & gentes,
Doivent-elles estre laissées?
Nenny, non; mais estre priées,
Avoir leur plaisir & esbat,
Souvent à souhait maniées,
Sans estre delaissée tout à plat.
Et pensez que main lourt debat
Se feroit pour fournir l'hostel,
Se toutes bourgoises d'estat
Sçavoyent bien ce Droit naturel.
    Or je mez ung cas qui est tel,

Ung mary en vacation
Voyant que le temps étoit bel
S'en alla en commiſſion,
Veoir ſa belle ante, ſe dit-on:
Il demourra bien es villaiges,
Cinq ou ſix moys: aſſavoir mon,
S'il eſt tenu des arreraiges
Quant il revient? dient aucuns ſaiges,
Que le mary, comme j'entens,
En eſt tenu par tous uſaiges;
Veu qu'ilz ſont eſcheuz de ſon temps.
Et ſe d'aventure je ſens,
Que la femme d'aultre coſté,
En prengne, cela n'y fait riens:
Arreraiges ſont perſonnelz,
Et les doivent tous mariez
De rigeur, comme droit de vente.
Poſé qu'ilz ſoyent tousjours payez,
Les Seigneurs recourent leur rente.
Autrement donc quant biſe vente,
Chaſcun delairroit ſa maiſon,
Et s'en yroit veoir ſa belle ante:
Il n'y auroit point de raiſon.
   Je forme une aultre queſtion
De droit naturel qui ne fault,
Que permiſe eſt deffenſion
A ung chaſcun, quant on l'aſſault.
Ce preſuppoſé, ung lourdault
A belle femme jeune & tendre,
Il frappe, il bat, & ne luy chault
Comme ſa femme luy veult rendre,
La queſtion eſt pour entendre,
S'il loiſt à cette femme cy,
De le frapper, & ſe deffendre
A l'encontre de ſon mary.
De prime face ſemble, que oüy,

Car deffenſion eſt permiſe
Selon Droit naturel : ainſi
Elle ne faict que ſelon la guiſe :
Mais au contraire je m'aviſe,
Se quelque voiſin c'eſt approché
De ce debat là ſans faintiſe,
Chaſcun en ſera enbouché.
Et ſe ceſte femme a touché
Son mary, il chevauchera
L'aſne tout au long du marché :
Ainſi chaſcun s'en mocquera.
Et au regard d'elle on dira,
S'on la voit ainſi eſmoucher,
Frapper & ruer ces coups-là,
Que ce n'eſt qu'ung droit Franc-Archier.
　Le vieil Droit a voulu toucher,
Et decider aucunement,
Que femme devoit endurer
De ſon mary tout doulcement.
　Le Droit nouveau dit autremen,
Pour ung mot que le mary dit,
Femme peut tout incontinent
Luy en reſpondre ſept ou huit.
Et s'il advient qu'il y ait bruit,
Pour ung ſeul coup le droit enhorte,
Que femme en rende par deſpit,
Cinq ou ſix d'une meſme ſorte :
Et s'elle n'eſt pas la plus forte,
Aucuns dient pour tout eſſoine,
Qu'elle doit aſſaillir la porte
De l'hoſtel de quelque Chanoine,
De quelque Abbé, Prieur, ou Moyne,
Celuy ſera ſeure retraicte,
Pour faire leans ſa neufvaine,
Tant que la paix ſera refaicte.
　Le povre Jennin Tuluretue,

En prendra si tres grand soucy,
Pour la ravoir toute si faicte,
Que enfin luy requerra mercy.
Ce cas se praticque aujourd'huy,
Je ne dis pas qu'on face bien :
Mais vela j'ay solu ainsi
Ma question par ce moyen.
   A une aultre doubte je vien,
Une Bourgeoise, une commere,
Avec ung amoureux tout sien,
Mignon, & de doulce maniere.
Avoit aussi une chambriere
Belle, qui savoit le secret :
Ung jour ce mignon par derriere,
Venoit voir la Dame en effect.
Et n'y fut pas, dont luy desplaist :
La chambriere qui fut belle,
Fine, franche, ferme & dehait.
Pour faire saillir estincelle
D'ung caillou, par bonne cautelle,
Mis au sainct par devotion ;
Elle print ce bien pour elle,
Et eut ceste provision.
Assavoir se pugnition,
Doit souffrir comme larronesse
Et quelle restitution,
Elle doit faire à sa maitresse.
J'ay oüy à mainte clergesse
Tenir, que estre fourvoyé,
Ce n'est pas fort grande sagesse.
Pourquoy, on n'en est pas noyé,
Pendu, puny, ne corrigé :
Ainçoys selon le commun son,
Se recréer n'est pas peché
Chascun en prise la façon.
   Mais vecy une aultre raison

Ce cas icy eſt domeſtique,
Remply de grande trahiſon :
Et ſemble choſe bien inicque,
Veu que la Dame ſa praticque
Luy diſoit auſſi privement.
Pour ce avons nous ung Autenticque
Qui en diffinit ſainement ;
Et dit que pour le hardement,
Qu'elle eut, pour ſa deſloyaulté,
Y chet bien ung baniſſement,
Sur la chamberiere en verité.
Cela me ſemble d'équité,
Qu'elle ſoit banye de l'hoſtel :
S'elle l'euſt ailleurs emprunté,
Ce n'eſt que ouvrage naturel.
Mais de la prendre ſur ung tel,
Au prejudice de la dame,
Le fait eſt énorme & cruel,
Dont chaſcun le repute infame.
Et luy doit couſter plus la dragme
Ainſi deſloyaument tolluë,
Que livre & demye ſans tel blaſme
Prinſe ailleurs choiſye & eſleuë.

   A une aultre doubte je tends
J'ay ſelon droit mainte loy luë,
Où l'en treuve, comme j'entens,
Que le nourriſſement d'enfans
Fut de Droit naturel trouvé ;
Le cas eſt, femme de quinze ans,
Accouche d'ung filz nouveau né,
Son mary eſt ſi fort donné
A chicheté & avarice,
Qu'il eſt du tout deliberé,
Ne luy querir point de nourriſſe,
Mais veult qu'elle l'enfant nourriſſe ;
Affin d'eſpargner le ſalaire :

Je demande se c'est justice,
Et se la femme le doit faire.
    Semble aucunement le contraire,
Car d'imposer nouveau servage
Ne peult pas à la femme plaire.
Et y auroit trop grant dommage,
Entendis qu'elle a frais visaige,
Jeune, & n'est q'ung enfançon
Elle est à la fleur de son aage:
Or à prime il luy semble-il bon:
Elle a le beau petit teton,
Cul troussé pour faire virade,
Le sain poignant, tendre, mignon,
Il n'est rien au monde plus sade,
S'elle est nourrisse elle sera fade,
Avalée, pleine de lambeaux;
Faisandes deviennent beccasses,
Les culz troussez deviennent peaux,
Les tetons deviennent tetasses,
Nourrisses aux grandes pendasses,
Gros sain ouvers remplis de laictz,
Sont pensuës comme chiches faces,
Qu'on vent tous les jours au Palays.
Tetins rebondis rondeletz,
Durs, picquans, gettez bien au moule,
Tendus comme ung arc à jaletz,
Deviennent lasches comme soules.
Jeune femme qui n'est pas saoulle
Encor de plaisance mondaine,
Ne doit rendre jamais son raoulle,
Si tost par voulenté soudaine.
Ainsi ce n'est pas chose vaine,
Si femme mignote & fertisse,
De peur d'enlaydir en la peine,
Refuse à devenir nourrisse.
Combien que c'est chose propice,

Et selon Droit, comme je tien,
Que toute beste saige ou nice,
Est tenuë de nourrir le sien;
Que vous en semble maistre Jehan,
Sçauriez-vous ce point évader,
Maintz grans docteurs, & gens de bien,
Ont voulu ce cas decider.

Les droitz nouveaulx pour ammender,
Dient que par action directe,
Et à la rigueur proceder,
Quelque saulce que l'en y mette,
Femme ne peut, tant soit jeunette,
Contraindre ung mary à tenir
Nourrisse, quoyque l'en caquette.
Mais quant à l'équité tenir
Ne a si grant train entretenir,
Et par une action utille,
On peut une façon tenir,
Qui sera honneste & subtille.
Quelque grande vielle sebille,
Caducque menassant ruine,
Qui glosera sur l'Evangille,
Et fera au cas bonne mine:
Une grand mere, une cousine,
Une ouvriere bien parfaicte,
Une chalande, une voysine,
Ung garand' à femme sorfaicte,
Quelque fine, quelque toute faicte,
Que entendra la boucherie.
Vers le mary se sera traicte,
Et en fera la playdoierie.
En usant d'une pleurerie,
Remonstrera s'il est besoing
Que sa femme est seiche & tarie,
Et n'a pas de vie plain poing.
**Et s'il fault qu'elle prenne soing,**

Elle y demourra toute roide;
Et de cela à l'aide du boing,
Trouvera sur ce cas remede.
Et pensez que vieille qui plaide,
D'invention & de faconde,
Pour bien persuader excede
Le plus grant orateur du monde.
Ce que de plaine voye & ronde
On ne peult obtenir ne avoir,
Femme qui en tel terme habonde,
Le fera tourner & mouvoir.
Enfans vous povez concepvoir,
Que sans ourdir on ne peut tiltre.
Pour ce mettez peine à sçavoir
Ceste question ou Epistre.

  *Des Droitz nouveaulx*, *le second Titre.*
Si est *de statu hominum.*

 Ha ! qu'il a maint bon chapitre,
Et mainte notable leçon,
De l'état des hommes ! hon hon !
Et des femmes, que je concludz,
Tout ung, car par tout, ce dit-on,
Ne court que estatz dissolus.
Nous voyons povres goguelus,
Minces, mesgres, niays & lours,
Pour estre à plaisance vestus,
Garsonner satin & velours.
J'ay grant paour que dedans brefz jours,
Par faulte d'argent & de draps
Entre nous fringans & milours,
Ne soyons tous vestuz de sacz.
Vielz pourpoins touillons, vielz haras,
Vielz lambeaulx, & haillonnerie,
Chappeaulx pelez & bonnetz gras,
Seront pour nostre seigneurie.
Pensez se Dame mincerie,

Nous empoigne ung peu aux coftez;
On verra bien par fringuerie,
Porter maintz habitz chicquetez,
Troüez, percez, fringuelotez,
Fueilletez par jollivetez,
Ce font grans gorgiafetez,
Par faulces de mefchancetés.
Ung Monfeigneur du may planté,
Sailly du fin fons d'une éftable,
Sera aujourd'huy attinété,
Comme ung Duc, comme ung Conneftable;
Et s'il n'eft eftourdy, muable,
Leger comme oyfelet fur branches,
On dit qu'il n'eft pas recevable,
Pour ung foupper de nopces franches.
On fouloit faire au corps les manches,
Par compas; mais on voit desja,
Qu'en tous eftans on pefche tanches.
Qui peult, il veult; qui a, il a;
Chafcun fringuera qui pourra.
Car felon tous noz Droitz nouveaulx
Le monde fe contrefera,
On humera de toutes eaulx.
Femmes porteront des loriotz,
Par ruës, par chemins, par fentiers.
Et les hommes des grans poriaulx
Velus, qu'on emprunte aux barbiers.
Les aultres pour eftre plus fiers,
Pour eftre fringans à l'amy,
Pour monftrer qu'ilz font grans ouvriers
Ne font leur barbe que à demy,
Et laiffent du poil gris icy,
Qu'il femble que ce foit la peau,
De quelque formaige moyfi,
Ou l'oreille de quelque veau.
Pofé que cela ne foit beau,

De

Si eſt-ce pour faire la mine,
Qu'on dit que c'eſt ung homme nouveau;
Il eſt bien heureux qui en fine,
Ung échantillon de cuiſine.
Qui n'a pas vaillant une pomme,
Mais qu'il ait une calvardine,
Avec cela c'eſt ung grant homme.
Telz gens on quiert, on priſe, on nomme;
Et ſont portez, priſez, doubtez,
Sans quelque aultre raiſon : en ſomme,
Fors que les droitz nouveaulx ſont telz.
Aprenez enfans & notez,
Aucuns y a qui ont beau faire,
Gentilz-hommes de bons hoſtelz;
A grant peine peuvent-ilz plaire :
Car par force d'eux contrefaire,
De batre, de voller aux gruës,
De hault tencer, crier, & braire;
On ſe mocque d'eulx par les ruës.
Les demy pantoufle becquuës
Rondes par devant comme un œuf,
Se ſemblent racquettes couſuës,
Pour fraper au loing ung eſteuf.
Vela gens de porc, & de beuf,
Font aujourd'huy pluſieurs telz tours;
Mais au fort c'eſt ung eſtat neuf,
Il ne durera pas tousjours.
Et vous championnes d'amours,
Mignonnes qui ſi bien faignez,
Pour entretenir les plus gourds,
Les plus friſques, les mieulx pignez,
On dit que plus vous ne daignez
Porter tiſſus, ne gris, ne vers :
Mais ſeulement vous vous ſaignez
De baudiers de velours couvers.
Baudiers ſont engins bien divers,

Ce sont instrumens fort soudains,
Pour tendre crennequins à nerfz,
Coup à coup pour bender aux reins,
Et pensez qu'il y en a maints,
Par bien leur crennequins lascher,
Qui ont mainte personne attains
Bien au vif jusques à la chair.
Elle se peuvent enharnacher
de baudriers qui ont beaux tricoys,
Les aultres ne se font que facher,
Et n'entendent point bien les droitz.
Mignons en ont aucunes foys,
Et quant ilz sont pelez ou laiz,
Ilz en font faire des harnoys,
Et des resnes à leurs muletz.
Aucuns en brodent les collets
De leurs pourpointz, & font ce bien
Ou à eulx, ou à leurs varletz;
Ung bon mesnagier ne pert rien.
 Mais je dis le Droit ancien
Sur ces perruques boursouflées,
Legieres, qui par bon moyen,
Deviennent grosses & enflées;
Mais icy les années passées,
Y vint ung docteur fort nouveau;
Qui a ces matieres traictées:
Pour ce je m'en passe tout beau,
Tout ne pend qu'à la queuë d'ung veau,
C'est toute chose contrefaicte.
Quelque jour en lieu d'ung poireau,
On portera une sonnette.
D'ung aultre ton, la besongne est nette
Se quelque fringart s'en advise,
Et qu'il la cache en sa cornette,
Nous en verrons courir la guise.
 L'habit de couverte faintise,

La robbe, de bien bas voller,
Le pourpoint, de haulte entreprise,
Le bonet, de diffimuler,
Le chapeau, d'aigrement parler,
Cornette, de faulce bricolle,
On ne voit aultres loups hurler
Ne femer autre parabolle.
Ne fuivons plus d'amour l'efcolle,
On n'y lift que de tromperies.
La fcience eft folle parolle,
Les grans juremens, menteries,
Les ftatutz, ce font joncheries
L'Univerfité, c'eft malheur,
Les Bedeaux, lardons, mocqueries,
Faulte de fens, c'eft le Recteur,
Trahifon, en eft ung Docteur,
Faulceté, en eft le Notaire,
Avarice, eft le Confervateur,
Injure, elle lit l'ordinaire,
Detraction, c'eft le Libraire,
Sufpection, c'eft le Greffier,
Dire tout, c'eft le Secretaire,
Rudeffe, c'eft ung Meffagier,
Defdaing, c'eft ung premier Huyffier,
Qui gardes les huys & feneftres,
Refus, eft le grant Chancelier,
C'eft celuy qui paffe les Maiftres.
   Voyez à dextres & à feneftres,
En tous eftatz qu'on peult choifir,
Entre les gens layz, Clercz & Preftres
On ne voit que fraudes courir;
Chafcun fait velours encherir,
Chafcun veult prendre eftatz nouveaulx.
J'ay veu qu'on ne fouloit querir
Que robes à quinze tuyaux,
Larges manches, & haulx chappeaux,

Grans getz de honneste gravité.
Mais ce n'est de noz fringuereaux,
Que inconstance & mobilité;
Pour l'atour de affabilité,
Le colet de doulx entretien,
On porte corsetz de fiereté,
Et pieces de facheux maintien :
Chaines d'or courront meshouen,
Pour seindre millours & grobis,
Et qui n'aura argent ne rien,
Se seindra d'une chaisne à puis.
A cela sommes nous tous duyts;
Et qui n'a que dix frans vaillant,
On l'employe à fringans habitz,
Ainsi le Droit nouveau l'entend.
Notez, & vous tenez à tant,
Que tel a robbe de migraine,
Qui ne sçauroit finer contant,
Six blans au bout de la sepmaine,
Combien que plaisance les maine;
Si lit on en mainte Saison,
Que de mouton à courte laine
On n'aura ja bonne toison.
Je me fonde trop à raison,
Puis qu'avez ouy ce notable,
Je mecteray une question,
Et ung cas qui est prouffitable.

　　Ung homme povre & miserable,
Qui a belle femme & entiere,
N'a vaillant que ung lict, une table,
Ung banc, ung pot, une saliere,
Cinq ou six voirres de feuchiere,
Une marmite à cuyre poys :
Il s'en va dehors bien arriere,
Et demeure sept ou huyt moys;
Il retourne après toutesfoys,

Et treuve l'hostel grandement
Fourny de vins, de bledz, de boys,
De belle vaisselle d'argent;
Assavoir mon aucunement,
Se le mary doit enquerir
A la femme dont cela vient,
Ne qui la peult si bien fournir?
Semble que non, car j'oy tenir
Aux saiges, qu'à cheval donné,
On ne doit point la gueulle ouvrir,
Pour regarder s'il est aagé.
Item il en a bon marché,
Ce sont conquestz, apres sa mort;
Le mary en a la moytié,
Ainsi on ne luy fait nul tort.
D'aultre part, voicy le plus fort,
Semble qu'il y ait conjecture
Que sa femme ait esté d'acord
D'entretenir la creature,
Prester le mosle à la pasture,
Pour avoir cela & soy taire.
S'il se pourvoit, tort ou droicture,
Elle y perdroit tout son douaire.
Quoy qu'on sache crier ne braire,
Les Droitz nouveaulx disent ainsi,
Que la jeune femme doit faire
Ung chef-d'œuvre sur ce cas cy,
Et dire franc à son mary,
Que Maistre Enguerrant Hurtebise,
Son ayeul qui mourut transi
L'aultre jour au pays de Frise,
Si luy laissa par bonne guise,
Tous ses biens à son testament.
Ainsi ung vent de la chemise
Fera tout cest appointement;
Le mary se tiendra content,

Cuydant que ce luy soit escheu
Et pensez que pas il n'entend
La reigle des loix que j'ay leu.

  Tel cuyde avoir à bon compte eu
La marchandise qu'il a pris,
Qui le plus souvent est deçeu
D'oultre moytié de juste prix.
Ung semblable mot cy est mis
Escript & noté par exprès,
*Juxta de regulis juris,*
Comme il apperra cy-après.

  Une aultre question je mes,
Homme & femme tiennent mesnage;
Riches assez, & pour tous metz,
Ilz veullent faire ung mariaige
De leur fille ; le pere est saige,
Qui dit qu'elle sembleroit belle
Bourgeoise, la mere en enraige
Qui veult qu'elle soit Damoyselle.
Le pere par bonne cautelle,
Dit & respond qu'il ne loit pas,
Et qu'il n'appartient point à elle
De porter si tres grans estatz.
La mere en fait toujours pourchas,
Et jure qu'elle le sera.
Je vous demande sur ce pas,
Au quel la fille obéira.
Ou se du tout elle sera,
Comme son pere luy disoit,
Ou se on la Damoysellera,
Comme sa mere le voulloit.
Brief, mon opinion seroit,
Que pour terminer la querelle,
Ceste fille cy deveroit
S'abiller à mode nouvelle,
Porter moytié drap, moytié toille;

Moytié escarlate , & velours,
Moytié Bourgeoise , & Damoiselle ;
Moytié chapperons , & atours ;
Mais quoy l'habit n'est pas en cours ,
On n'en voit guerres de semblable ,
Et pour ce faut avoir recours ,
Au Droit nouveau qui est vallable ,
Qui dit qu'en chose favorable ,
Comme amours , on doit obéïr
Aux meres : prenés ce notable ,
Car ainsi l'ay-je veu tenir.

   A ung autre point fault venir ,
Bourgeoise de basse lignie ,
De bas lieu , veult entretenir
Ung train de grande Seigneurie ;
Car avec ce qu'elle est jolye ,
Qu'elle a beaulx habitz & fringans ;
Sa maison est par trop fournie
De servantes & de servans.
Sa fille de chambre est leans ,
Qui la sert de menu suffrages ,
Elle a sa vieille aux yeulx rians ;
Qui ne la sert que de courtages.
Après surviennent davantages ,
Toujours, ou cousins, ou nepveux.
Item pour faire ses messages ,
Elle a le page aux blondz cheveulx ;
Elle a son tabourin joyeulx ,
Sonnant en chambres & en salles ;
Qui emporte ung escu ou deux
Aucunesfois par intervalles.
Puis quant la Bourgeoise est en galles
Une caterve une brigade ,
Vient joüer aux sons des cimbales :
Au glic ou à la condampnade.
Item pour faire les virades

Pour se monstrer sur les carreaux,
Pour faire en amours ses passades,
Elle a sa couple de chevaulx.
Après surviennent fringueraulx
Dancer, joncher, patheliner,
Lesquelz on fournit de morseaux,
Et de dragées après disner.
Or faut-il sur ce cas noter,
Que la Bourgeoyse & son mary,
N'ont marchandise ne mestier
Pour entretenir ce train cy,
Rente ne revenu aussi.
Je demande, quel' conjecture
Doit-on avoir touchant cecy,
Argent leur vient-il d'aventure?
Le Droit dit que Dame nature
Au moyen de l'engin qu'on porte
Fournit d'argent & de pasture,
Et de robbe de mainte sorte.
Telle monnoye doit estre forte,
Et durer beaucoup au besoing:
Car ainsi qu'elle se comporte,
Elle est forgée à double coing.
Il ne fault point avoir de soing
Dont leur peult cest argent venir.
Puis qu'il vient de près ou de loing
C'est le plus fort que d'y fournir.
    Je vois ung aultre cas bastir,
Dequoy la question est telle,
Ung Prelat veult entretenir
Quelque grant Dame ou Damoyselle,
Et va deviser avec elle.
Ung Monsieur d'ung prunier fleury,
Ung simple Escuyer sans sequelle,
Survient leans à l'estourdy.
Assavoir mon s'on doit celuy

Qui est Evesque ou grant Seigneur
Laisser seul , pour aller ainsy
Entretenir ce gaudisseur ?
Maint grant & notable Docteur ,
Ont formé cette question ;
Mais les Droitz nouveaulx pour tout seur ,
Y mettent la decision ,
Et disent qu'on ne doit point , non ,
Laisser ung grant , pour ung petit ,
Fors qu'en deux cas , que du mignon
Elle ait , ou plaisance ou prouffit.
S'il plaist , s'il est beau , il suffit ,
S'il est prodigue de ses biens ,
Que pour le plaisir & déduit
Il fonce , & qu'il n'espargne riens ,
On doit laisser par ces moyens ,
Ung plus grant homme la moitié ,
Et le plus petit en tous sens
Doit estre humainement traictié
Ainsy l'a le Droit appointié.

Je vous tiens trop sur ces argus ,
Et fault que par nous soit traictié ,
Aultre Rubriche qui vault plus.

## RUBRICHE,

C'est , *de presumptionibus* ,
Des presumptions , des façons
De presumer donc sans abus ,
Metz les continuations
Par estatz , par ostentions :
Presumption presume maintz cas ,
Pour ce ay mis des presumptions
Après le tiltre des estatz.
Or notez , enfans , sur ce pas ,
Une chose tres singuliere ,

Au dict des saiges Advocatz.
On presume en double maniere,
Aulcune est presumption fiere,
Que gens ont d'eux mesmes en sommes;
Et l'aultre est presumption clere
Qu'on a d'aultruy; puis qu'icy sommes,
Parlons ung peu de ces grans hommes,
Qui d'eulx mesmes presument trop,
Et si n'ont pas d'argent grans sommes:
Mais sont aussi povres que Job.
En Paris en y a beaucoup,
Qui n'ont ne argent, vergier, ne terre,
Que vous jugeriez chascun coup,
Alliez ou grans chiefs de guerre.
Il le dient yssus d'Angleterre,
D'un Comte, d'un Baron d'Anjou,
Parens aux Seneschaulx d'Auxerre,
Ou aux Chastellains de Poitou,
Combien qu'il soit sailly d'ung trou
De la cliquette d'ung Musnier,
Voire ou de la lignée d'ung chou,
Enfant à quelque Jardinier;
Ainsi haulcer, sans s'espargner,
Cuyder sans avoir, ne saigesse,
J'appelle cela presumer
Selon cette premiere espece.

Une simple Huissiere ou Clergesse,
Aujourd'huy se presumera
Autant ou plus qu'une Duchesse:
Heureux est qui en finera.
Une simple Bourgeoyse aura
Rubis, diamants & joyaulx,
Et Dieu sçet si elle parlera
Gravement en termes nouveaulx,
Afin d'estonner povres veaulx.
Elles ne couchent d'aultre dez

Que d'Evefques ou de Cardinaulx,
Archediacres ou Abbez.
Semble à oüyr langaiges telz,
Qu'elles ayent Feftes & Dimanches
Tousjours ung Evefque aux coftez,
Ou Archediacre en leurs manches.
S'elle fe vante que aulcun tranche
Pour l'amour d'elle le bocquet,
Qui n'eft pas pour tel arbre branche,
Jamais n'atouchera le rocquet :
Au fort c'eft ung plaifant cacquet,
C'eft trop hault planté fa baniere,
Au beau bailleur ferme nacquet
Qui fache rachaffer derriere :
Veu que c'eft juftice fonciere,
Ou le cas deuft eftre advancé,
C'eft trop enchery la baffiere,
Du tonneau qui eft deffoncé.
Il fault ung peu qu'il foit penfé,
Sur la prefumption feconde,
D'ung homme mince & bas percé,
Que l'en prefume chofe ronde,
On le prefume mort au monde,
On le tient pour defnaturé.
En celle là chafcun fe fonde,
Elle eft jurée, & *de jure.*
　Ung vifaige frès, figuré,
Riant, plain de gayeté de cueur,
Ung cul qui n'eft point empiré,
Ung tetin de bonne rondeur,
Ung corps d'affez bonne grandeur,
Ung pas de gracieufe aleure,
Ung fain d'affez bonne haulteur,
Ung œil de fiere regardure,
Ung fourcilz de vive painture,
Une gorge blanche, & frazée,

Ung ris getté à l'aventure,
Ung maintien de femme rusée,
Ung colet de femme evasée,
Unes jouës rondes & vermeilles,
Ung gorgias à pointe usée
Pour faire tetins à oreilles,
Une langue à dire merveilles,
Une source comble à desirs,
Ung reliquaire à haultes veilles,
Ung mirouer à mondains plaisirs,
Ung fournissement à soupirs,
Ung prothocolle à bons copistes,
Ung commun theme à tous prescheurs,
Ung registre à Evangelistes.
De femmes qui sont ainsi nices,
Et plaines de devotion,
Messeigneurs les nouveaulx Legistes
Dictes moy la presumption.

Je dis moy, soubz correction,
Qu'on doit presumer & sçavoir
Pour entrer en religion,
Qu'elles sont bien à recevoir :
Mais que le cloistre & refectoir,
Fussent de salles tapisées ;
Que le chapitre & dortoir,
Fussent belles chambres natées :
Leurs librairie, chansons notées,
Leurs cloches, bedons, menestriers,
Leurs frocz, robes bien parées.
Leurs haires, chaines & colliers,
Leurs cerimonies, de baisiers,
Leurs beaux peres, jeunes enfans,
Leurs confesseurs, beaux escuyers,
Trestous en l'aage de vingt ans.

Telles femmes, comme j'entens,
Doibvent par presumption clere.

Uſer leur jeuneſſe & leur temps
En ung tel cloiſtre & monaſtere,
Et mener une vie auſtere :
Tenir la reigle que on leur liſt,
Et avoir tousjours leur beau pere
Prés d'elles, tous deux en ung lit.
Par commun proverbe on dit,
Qu'on congnoit femme à ſa cornette
S'elle ayme d'amour le deduit.
Tant ait la conſcience nette,
Au ris, au train, à la ſornette,
On juge par preſumptions.
Pour ce ceſte raiſon admoneſte
Exemple en pluſieurs façons.

  Que diriés vous de noz mignons,
Qui ont une perrucque brune,
Et broyent pelures d'ongnons,
Et font une ſaulce commune
Pour la jaunir : c'eſt grant fortune,
Qu'on ne preſume d'eulx en farſant,
Et qui tiennent tant de la lune,
Qu'ilz vallent ung demy croiſſant.
De ceulx qui ſongent les merveilles,
Que on appelle les maiſtre Jehans,
Mais qu'ilz ayent bonnes oreilles,
On les preſume habille gens.

  De ceulx qui vivent de la manne
Du ciel, qui mordent en la grappe,
Ce ſont bons furons en garenne,
Il n'y a riens qui leur eſchappe.

  De noz Gentilz-hommes d'honneur,
Qui n'ont en tout temps qu'une robe,
Ilz en ayment fort la couleur,
Et ont peur qu'on ne leur deſrobe.

  D'homme d'armes, qui par vaillance,
Tient en ſon hottel garniſon,

Je le tiens une doulce lance,
Pour prendre d'assault sa maison.

D'ung qui de peur d'estre lavé,
Se tient à part sur les rancs :
On presume que le pavé
Luy semble plus doulz que les champs.

De femmes qui monstrent leurs sains,
Leurs tetins, leurs poitrines froides,
On doit presumer que telz sainctz
Ne demandent que chandelles roides.

D'une qui se fourre en ces trous
Sur le soir quand la lune luyt
Elle chasse les loups garous,
Et les chassemarées de nuyt.

Femme qui ayme le lopin,
Le vin, & les frians morceaulx,
C'est ung droit abruvoir Popin,
Chascun y fourre ses chevaulx.

Grant femme seiche noire & maigre
Qui veult d'amour suivre le trac,
On dit que c'est ung fort vinaigre,
Pour gaster ung bon estomac.

Femme qui souvent se regarde,
Et pollist ainsy son collet,
C'est presumption qui luy tarde,
Qu'elle ne face le sault de Michelet.

Femme au chaperon avalé,
Qui va les crucifix rongeans,
C'est signe qu'elle a estallé,
Et aultrefoys hanté marchans.

Femme qui en ses jeunes saulx,
A aymé le jeu ung petit,
Le mortier sent tousjours les aulx,
Encore y prent-elle appetit.

Femme qui va de nuyt sans torche,
Et dit à chascun tu l'auras,

Elle est digne à peupler ung porche,
Et mener quelque vieux haras.
  Femme qui met quant el' s'habille
Trois heures à estre coëffée,
C'est signe qu'il luy fault l'estrille,
Pour estre mieulx enharnachée.
  Se femme qui est du mestier,
Appelle une aultre sa compaigne,
Elle a sa part au benoistier,
Par la Coustume de Champaigne.
  Femme qui le corps se renverse,
Que doit-on d'elle presumer ?
Telle charette souvent verse
Par faulte de bon Limonier.
  Femme qui a robe devant
Fenduë, qui se ferme à crochet,
Elle peult bien porter enfant,
Car elle ayme bien le hochet.
  Par telles demonstrations
On devient sage & sçavant,
Se sont grandes presumptions,
Desquelles on juge bien souvent.
  Enfans, retenez-en autant,
Notés : car elles sont utiles.
Je ne veulx pas tenir pourtant
Qu'elles soient vrayes comme Evangiles.
  Or en ensuyvant noz stilles,
Sur ce tiltre je veux noter,
Quatre choses assez difficiles,
Et puis ho. Veci le premier.
  Femme qui se laisse baiser,
Et tafter la fesse en jouant,
Est-il pourtant à presumer,
Quelle seuffre le demourant ?
  Doit-on proceder en avant,
Contre elle par presumption ?

Sur ce cas y chet seurement,
Une bonne distinction.

Quant au baiser, je dis que non;
Nostre Droit n'en presume rien:
Car bouches à baiser, se dit-on,
Sont communes à gens de bien.

Du taster, c'est ung autre point;
Encores fault-il distinguer,
Si la femme seuffre, & maintient,
Sans faire semblant de tenser,
Et se ainsi est, on peult penser,
Se le mignon veult qu'il y monte,
Ou se elle faint de se courser,
Et dire, n'avez vous point honte,
Laissez cela: le Droit racompte,
Que seullement par ceste fainte,
Posé qu'elle n'en tienne compte,
La presumption est estainte.
Et pensez qu'il y en a mainte,
S'on luy taste ung peu le derriere,
Qui jamais n'en feroit grant plainte,
Mais quoy, il faut tenir matiere.

Vecy un cas d'aultre matiere,
Se ung bon gallant rencontre
Femme riant, saffre de chiere
Baude, alaigre, de belle monstre,
Qui a son habit se demonstre
Femme de frequentation,
Et si on ne dit rien encontre,
Doit-il sans information
Plus grande, ou inquisition,
Luy demander la courtoisie:
Sans plus pour la presumption
De la voir si saffre & jolye?
Le Droit nouveau ung peu varie,
Sur ce pas, sur ceste escripture,

Mais

Mais il decide quoy que on dye,
Que on peult par tout sercher pasture.
Et prier toute creature,
Toute femme de quelque estat
Qu'elle soit ; ce n'est pas injure,
S'on ne le fait que pour esbat ;
Les unes reffusent tout plat,
Et bien, c'est pour neant debatu ;
Les autres repondent, *fiat*,
Et bien, c'est ung chesne abattu ;
Prier hault c'est bien entendu,
On vient assez tost au rabas :
Car maint beau gibier est perdu,
Par faultes de faire pourchas.

    Je vous demande ung autre cas,
Mignonne de haulte entreprise,
Qui porte de divers tafetas,
Lettres, couleurs de mainte guise,
Peult estre qu'elle a nom Denise,
Et son mary Jehan, ou Thibault,
Et neantmoins pour sa devise
Porte une, *M*, qui faict Michault,
De bague ou ruben ne luy chault,
Si non de ceste livrée porter,
Son mary qui n'est qu'ung lourdault
A - il cause de se doubter ?
Doit-il presumer n'enquester,
Qui est Michault, ne Michelet,
Veiller, oreiler, escouter,
S'il congnoistra mousches en laict ?
Par ma foy le Droit nouveau met,
Que de porter par inventoire
Lettre en bague, ou en affiquet,
C'est presumption bien notoire,
C'est competant preparatoire
Pour sçavoir d'ont vient praticques.

Dieu qu'on faict d'ung Saint grand memoire
Quant on en porte les reliques !
En effet ce font voyes obliques ,
Et s'en peuvent plaindre les maris ;
Telles façons telles traffiques
Corrumpent les Droitz à Paris.

    Je forme après fur ces efcriptz
Une queftion bien aguë ,
Subtile , & digne de hault pris ,
Mais qu'elle foit bien entendue.
Ung bon mary de noftre rue
Qui a très belle jeune femme ,
Et eft grant fefte quand elle fuë.
Il n'y a plus la belle dragme ;
Ung matin que le jour s'entame ,
Il fe lieve , il s'abille , il piffe ,
Il s'en va , & laiffe ma Dame ,
Couchée en fon lit bien propice.
Il eft en l'Eglife au fervice ,
Et n'atent pas que tout foit dit ;
Peult eftre il tombe , il chet , il gliffe ;
Et s'en retourne par dépit.
Il rentre en fa chambre , il vous vit ,
Entre huit & neuf au matin ,
Couché gentement fur fon lit ,
Ung très beau pourpoint de fatin ,
Satin fin , delié comme lin ,
Court , fait felon le train nouveau ,
Efguillettes ferrés d'or fin ,
Tenans aux manches bien & beau ,
Ung collet bas en fringuereau ,
En Suffe , en perruquien :
Le povre homme ufe fon cerveau ,
Et ne fçet dont luy vient ce bien.
Il fonge , il penfe : eft-il point mien ?
Oüy , nenny , je ne m'y congnois ,

Il regarde emprés le sien,
Qui estoit plus espès deux foys,
S'estoit ung pourpoint de chamoys,
Farcy de bourre sus & soubz,
Ung grant villain Jacque d'Angloys,
Qui luy pendoit jusques au genoulx :
On eust estandu aux deux boutz,
S'il eust esté sur une plaine,
Une droite hostée de choux,
Et deux ou trois septiers d'avaine ;
Quant il luy couvroit la boudaine,
Quelque Philosophe ou Artiste
L'eust plainement pris pour la guaine
Ou le foureau d'ung Organiste.
L'aultre estoit leger, mince, miste,
On en eust fait une pelotte :
Dieu sçet se le mary est triste,
Il songe, il marmouse, il radotte.
   Or je demande icy & note
Ce c'est assez presumption,
Pour faire merveilleux doubte,
Et fouiller avant sa maison ?
Aucunement semble que non :
Car on ne doit si promptement,
Sans très grande inquisition,
Proceder à l'estonnement
De sa femme, veu mesmement
Que la doubte se peult oster.
Pourtant dit le Droit seulement,
Pour ce il ne doit rioter,
Fouller, tencer, ne tempester,
Ne batre, ne user de menaces :
Mais bien peult à son lict taster
S'il trouvera deux chaudes places.
Se ainsy est, gette ces grimaces,
Fouille, tempeste, & se demaine :

Car playes fur playes , traces fur traces
Font une probation plaine.
Quant on voit cheval qu'on promaine,
Se il eft chault , il a tracaffé.
Chien foufflant à la groffe alaine ,
On prefume qu'il ait chaffé.
Se ung povre Jenin ou Macé ,
Treuve fa femme fort efmuë ,
Ou elle a danfé , ou tancé ,
Ou il y a befte abbatuë.
Si eft la queftion folluë ,
Et le cas fur le tiltre mis ,
Et confequemment fera luë.

    *Aultre Rubriche de Pactis* ,
Et d'aultre tiltres cinq ou fix ;
Mais pour ce qu'il eft tard je dys ,
Veu que eftes tous endormis ,
Qu'il vault mieulx attendre à Jeudy.

     *Fin de la premiere Partie.*

## *La feconde partie des Droitz nouveaulx,*

    Vous fçavez mes bons aprentis ,
Quant mifmes fin à noz leçons ,
Nous laiffames à departir ,
Des pactz , des conventions ,
D'acord , traictiez & pactions ,
De toutes façons & contraulx.
On trouve les definitions ,
Sur ce tiltre en noz Droitz nouveaulx.
Tous achaptz , marchez feriaulx ,
Preftz , obligations , loüages ,
Promeffes , motz facramentaulx ,
Defpens , donations & gaiges ,
Renonciations , lengaiges ,
Tous confentemens fans erreur ,

Ainsi comme dient les saiges,
Se traictent icy par honneur.
Escoutez aussi le presteur,
*Pacta reservabo :* c'est son dit,
Que tous pactz à la rigueur
Il gardera sans contredit :
N'est-ce pas doncques grand depit,
D'ung tas de folles baveresses,
Qui cherchent delaiz & respit
Pour ne tenir point leurs promesses ?
Il en y a de noz maistresses,
Assez legieres d'acorder,
Qui pour tenir gens en destresses,
Ne veulent avant proceder,
Ainçoys quierent à delayer,
A fouïr de *bic*, ou de *bec*.
Trop mieulx vauldroit content payer
Que repaistre les gens du bec.
Les unes reffusent tout sec,
Et dient vous vous abusez :
Les aultres se tiennent au pec,
Et respondent vous me lerriez,
Leurs excuses, vous le diriez,
Leurs deffences, je n'oseroye,
Leurs raisons, vous m'accuseriez ;
Leurs exceptions, je feroye,
Leurs articles, si je pouvoye,
Leurs additions, je crains honte.
En la fin de telle monnoye,
On a tant que on n'en tient compte.
Le Droit nouveau dit & racompte,
Une auctorité sur ce lieu ;
Tout marché d'amour quoyqu'il monte
Se parfait sans deniers à Dieu.
Et ne chault ja son parle Ebrieu,
Latin, Escossoys, ou Flament ;

Car à parfaire tout le jeu,
Y suffit le consentement.
Femmes n'aiment communement
Que pour deux raisons en substance,
Dont les aucunes seulement
Le font pour avoir leur plaisance;
Pour se mettre en esjouïssance,
Sans estre melancollieuses :
Celles-là, selon ma sentence,
Sont long-temps en amours heureuses.
D'aultres en y a curieuses
D'avoir, d'amasser largement,
Et contrefont les amoureuses
De quelque ung, pour avoir argent;
De telles, il advient souvent,
Que on sçet qu'elles sont notées,
Et ne durent pas longuement,
Qu'elles ne soyent tost escornées.
Puisque ces choses sont fermées,
Je demande une question.
Noz gorgiases, noz succrées,
Qui ne le font pour rien, sinon
Pour le denier, à sçavoir mon
Se c'est ou vendage, ou loüage,
Ou pur prest, ou conduction,
Ou permutation, ou gaige?
Quel contract esse? en brief langaige,
Ce n'est point prest, ce m'est advis;
Car selon raison & usaige,
Pur prest se doit faire gratis.
Ostez tous argumens, je diz,
Le contract estre en Droit exprès
Dont descend, *prescriptis verbis*
Comme on dit, *facio ut des*,
Affin que tu donnes je faitz;
C'est l'intention toute pure,

Sans les dons on n'ayme jamais :
C'eſt bien praticqué l'eſcripture,
Si me ſemble - il choſe bien dure,
De vendre biens incorporelz.
Amours, ce ſont biens de nature,
Ce ſont biens eſpirituelz,
Ce ſont benefices telz quelz
A povres mignons neceſſaires :
Poſé qu'ilz ne vallent pour telz,
Si ſont-ilz pourtant ſalutaires.
Les vrayes collations ordinaires,
Sont dames plaines de doulceurs.
Souſpirs, ſont les referendaires,
Les patrons, ſont larmes & pleurs,
Regretz, ſont abreviateurs,
Peine eſt au plomb, & ſoulcy bruſle,
Mellencolyes ſont les ſcelleurs,
Qui font expedier la bulle.
Encor ce qui plus me reculle,
C'eſt ce que on contrainct l'appliquant :
Et n'euſt-il qu'une vieille mulle,
A payer au long le vacquant.
C'eſt le pis que ung povre impetrant,
Qui n'a n'affiquet ne trouſſoire,
S'il ne paye la taxe contant,
On le prive du poſſeſſoire,
Puiſque c'eſt choſe ſi notoire,
Que c'eſt bien eccleſiaſticque,
Que c'eſt benefice, & encore
Qu'il eſt ſi commun & publique,
Et que chaſcun taſche & s'applique
A avoir les preventions,
Y a point lieu la pragmatique :
Au moins les nominations ?
Nenny : car les proviſions,
Ne ſe font pas aux eſcoliers.

C iiij

Nul n'en a les collations,
Qui n'ait ou chaisnes ou colliers.
Tous apostatz irreguliers,
Noz grans Gentilz-hommes mondains,
Volaiges, estourditz, legiers,
Esservelez comme beaulx dains,
Qui ont la verve, & sont soubdains,
Esveillez, façonnez, quarrez,
Et tousjours les estomacz plains,
D'ung tas de lacez bigarrez :
En ung bancquet sont bien parez,
De bauldriez & de gibecieres,
Vestuz d'un drap tondu & rez :
Dieu sçet se leur robbe est legiere.
S'on jouë peut-estre la carriere :
Petit Roüen, le grand Tourin,
La Gorgiase, la Bergiere,
Ils se courroucent au Tabourin,
Telles dances ne sont plus en train,
A noz mignons du commun cours :
Car soit ou françois ou latin,
Ilz ne veullent dancer qu'en amours.
Amours, on ne faict tous les jours,
Aux Tabourins aultre pourchas.
Amours se font dances de cours,
Telles qu'il appartient au cas.
Il en y a d'aultres ung tas,
Qui ne veullent point d'aultre note,
A danser que les Trois Estatz ;
C'est leur ruse, c'est leur riotte ;
Cela signifie & denote
Que telz gorgias & danceurs,
Bien souvent pour tromper leur oste,
Contrefont des estats plusieurs.
Ilz sont Maistres, & Gouverneurs,
Ilz sont Eschansons, Escuyers,

Ilz font Capitaines, Seigneurs,
Bien fouvent ilz ne font que Archiers.
Ilz folicitent Confeillers,
Pour attraper les penfions.
Curez, Cloiftres & Marguilliers,
Et prenent les Oblacions.
Ilz tiennent Jurifdictions,
Ilz condamnent gens en l'amande,
Ilz tiennent des Religions,
Et des Abbayes en commande,
Ilz ont & Chapelle & Prebendes,
Ilz ont d'aultre part fiefz & terre,
Et vont au Senne s'on leur demande,
Et le lendemain à la guerre.
Ilz vont à Rome pour aquerre
Difpence ou charge d'Eglife,
Après ilz vont en Angleterre
Conduire ung faict de marchandifes.
Ilz y vendent drap ou la frife,
Ilz font receveurs, & ont gaiges,
Ilz prennent, ou ilz font la mife,
Ou ilz font laboureurs ou paiges,
Ou ilz braffent des mariages,
Ou ilz corbinent Evefchez,
Ou ilz font leurs aprentiffages,
Ou ilz font jà maiftres paffez,
Ou ilz reforment telz & telz,
Ou ilz combatent les neuf preux,
Ou ilz batiffent vieulx hoftelz,
Ou ilz demoliffent les neufz,
Ou ilz ont eu poulletz & œufz;
Point ne font contens de leur cas,
En effect telz mignons font ceulx,
Qui danfent bien les Trois Eftatz.
Ilz font Cappellains & Prelatz,
Ilz font les vrais Preftres Martin,

Ilz chantent hault , repondent bas ;
Ilz parlent françois & latin :
Puis ilz s'abillent de fatin ,
En Gendarmes , & Advocatz ,
En Efcoflois , en Bifcain ,
A la mode de Carpentras.
  Or je demande icy ung cas ,
Qui vouldroit par bonne cautelle ,
Comprendre tous les Trois Eftatz
En une robbe bien nouvelle ,
Quel' robbe vous fembleroit belle ,
Qui tous les Trois Eftatz defigne ?
Par Dieu je n'en fçay point de telle ,
Que feroit une Galvardine ,
Le Bicoquet , la Capeline.
Qu'on notte vray Religieux.
Se vous en voulez veoir le figne
Regardez l'habit des Chartreux :
Leur habit de tefte font teulx ,
Puis la manche que on coupe & laiffe
Les bras hors , cela eft joyeulx.
Et qu'on note la gentilleffe ,
Après la robe qui s'abaiffe ,
Soubz le genoüil par bonne guife ,
Large affez denote fimpleffe ,
Et vray eftaft de marchandife.
Or donc que homme ne s'advife ,
En feftes , bancquetz , & esbatz ,
Si il n'a fa Galvardine mife ,
D'aller dancer les Trois Eftatz.
  Je vous demande icy ung cas ,
En matiere de paction ,
Ung applicquant , ung gorgias ,
Frifque , bien empoint , & mignon ,
Ung habille homme , ung compaignon ,
Qui fe veult mefler de dancer.

Or ne sçait-il dancer, sinon
Une, *filles à marier.*
Devant qu'il se voise ingerer,
A mener dame à sa plaisance,
Il va le Tabourin prier
Qu'il ne luy sonne que sa dance,
Celle qu'il sçet; puis s'advance,
Et entre ou parc, hors de la presse,
Et le Tabourin vous commence,
A sonner, & joüe, *ma maistresse,*
Contre son dit & sa promesse.
L'aultre se efferve & se trouble,
Et de faict quand la dance cesse,
Il demeure sur ung pas double:
Dieu sçet se il songe creux, & trouble;
Le povre danceur s'excusoit,
Mais quoy il n'avoit pas ung double,
Pour cela chascun s'en mocquoit.
Je demande se selon Droit,
On doit le Tabourin pugnir,
Se pour le pacte on le pourroit
Faire adjourner ou convenir:
Les Vieulx Droitz vouloient soutenir;
Que cela n'estoit pas injure:
Mais les nouveaulx veullent tenir
Que c'est tres grande forfaicture
Au Tabourin, & chose dure
Au mignon, pour ce par sentence,
De Droit, de raison, d'escripture,
On luy doit imposer silence,
Le destituer de plaisance,
Le dégrader par bon moyen,
De chaine d'argent, de chevance,
De son tabourin, de son bien;
Car il devoit sur tout rien,
Tenir promesse sans esclandre.

Tabourin, fouvienne vous en,
Et vous gardez bien de mefprendre :
Car noftre Droit a fait deffendre
Aux maiftres Jurez du meftier,
Qu'ilz n'ayent à recepvoir ou prendre
Aucun Bedon, ou Meneftrier,
Sans premier les faire jurer
Que à leur pouvoir ilz garderont,
Povres danceurs de demourer,
De faillir, quant ilz danceront ;
Mais qui plus eft redrefferont,
Tousjours ung povre gaudiffeur,
En façon que les gens diront,
Que c'eft ung notable danceur.
Et fi foubz moyen ou couleur
Ne veullent à cecy pourvoir,
On les prive de tout honneur,
Que les Tabourins peuvent avoir.
  Aultre queftion fault mouvoir :
Bourgeoife hante le gibier,
Et pour mieux faire fon debvoir,
Elle ayme ung plaifant Efcuyer ;
Et affin de fon cas celler,
Elle permet fa chamberiere
Baifer, tafter, faire, & galler,
Au Paige Monfieur en derriere :
Et faict pact en cefte maniere,
Pour garder tousjours fes honneurs.
La paction eft-elle entiere,
Doit elle obtenir fes vigueurs ?
Veu qu'elle eft contre bonnes meurs ;
De raifon, elle ne doit valloir :
Mais Droitz Nouveaulx font plus feurs
Et dient qu'il n'en doit challoir,
En cefte matiere pour voir,
Il y a regard & faveur,

Car l'intention & vouloir,
Estoit pour garder son honneur :
Et pour ce est de bonne valleur,
Le contract, & la paction,
Et s'il y a faulte ou erreur,
Il y chet vallable action.

Je forme une aultre question,
Une courtiere, ou maquerelle,
A proprement dire son nom,
Sert une Bague fort nouvelle,
Gorgiase, plaisante, & belle :
Elle la prie pour ung Seigneur,
Comme elle dit, elle l'appelle,
Ung grant homme, ung homme d'honneur,
Elle dit que c'est ung donneur
De chapperons, de robbes fourrées :
Mais c'est ung povre estravagant,
Qui les vouldroit toutes souppées.
Et dit qu'il a robbes fourrées,
Toutes neufves qu'il a faict faire,
Mais les siennes sont deschirées,
Tant est povre & mince de caire.
Elle dit qu'il est debonnaire,
Bel homme, plaisant, & mignot,
Et c'est ung putier ordinaire,
Qui est aussi lait q'ung marmot.
Elle luy dit en ung brief mot,
Qu'il est de bon lieu, & est saige,
Et toutesfois ce n'est q'ung sot
Filz de quelque huron saulvaige.
Elle dit de luy que c'est raige,
Qu'il est Archediacre, ou Chanoine,
Et c'est ung Prestre de village,
Ou le clerc de quelque vieil Moyne.
Au moyen de la Triolaine,
Et qu'elle en disoit des biens tant,

La povre mignonne se pene,
Et s'en va vers luy tout batant.
Elle cuidoit avoir contant
Force monnoye & parpignolles ;
Mais elle retourna pleurant,
Et ne fut payée qu'en parolles,
Elle cuidoyt user de bricolles,
Affin d'attrapper & de mordre,
Mais quoy, elle fut aux escolles :
Elle aprint que c'est que de l'ordre :
Elle avoit grant paour de se tordre,
Tant y alloit viste courant.
    Je croy qu'il ne fallut rien de sobre,
Il n'y eut riens de demourant.
Je demande s'aucunement,
Elle pourroit, veu la matiere,
Le conseil & l'enhortement,
La façon d'elle & la maniere,
La deception toute clere,
L'abus qu'elle fist de langages,
Faire convenir sa courtiere,
Affin de ravoir ses dommaiges.
Le Droit dit, aussi font les saiges,
Veu le procès malicieulx,
De celle qui faict les courtaiges,
Son conseil faulx & frauduleux,
Cault, deceptif, & captieux,
Qu'elle rendera le salaire
A la mignonne, & en tous lieux
Privée à tousjours de ce faire.
Oultre la declaire faulçaire
En son mestier, & souffrera
Peine corporelle, arbitraire
Comme le Juge advisera :
Et par ce moyen ce souldra
La question, puisque on s'y fiche,

C'eſt trop demouré ſur cela,

## RUBRICHE *de Dolo.*

S'enſuit donc après la Rubriche.
*De Dolo*, il n'y a ſi riche,
Si povre, tant ſoit ſimple ou gruë,
S'il eſtoit ſi large ou ſi chiche,
Qui ſur ce pas cy ne ſe ruë.
Vecy comme il ſe continuë,
En traictez & en pactions,
Souvent eſt la partie deçeuë
Par frauldes, circumventions;
Par après ès conventions,
Et aulx promeſſ.s je m'aplique.
Ou tiltre des deceptions,
Lequel aujourd'huy on pratique.
Et penſez vous tant en praticque,
Que en amours & en marchandiſe
On uſe de grant Rhetorique,
Pour venir à ſon entrepriſe,
De dol, de fraulde, & de faintiſe,
Chaſcun veult gloſer le pſautier:
Chaſcun eſt à la couvoitiſe,
Chaſcun eſt maiſtre du meſtier.
Aujourd'huy ung grant Chevalier,
Ung grant Abbé, ung grant Seigneur,
Se yra franchement pourmener,
Avec ung petit Procureur,
Et luy portera grant honneur,
Pourveu que ſa femme ſoit belle;
Et n'eſt que pour avoir couleur
De hanter ſouvent avec elle:
D'une habitude telle quelle,
On vient à l'habitation.
Tulle en ſa Rhetorique appelle
La couleur frequentation.

N'eſt-ce pas grant deception,
Grant tromperie & mauvaiſtié
Soubz faulce converſation
Faire avec femme ſon traictié :
Mais au fort ce n'eſt qu'amitié,
Ce ne ſont que communs ouvrages,
C'eſt pour payer l'indennité,
Et fournir au vieulx arreraiges.
Tous Preſtres, Clercz, & folz, & ſaiges,
Advocatz, & Practiciens,
Juges, Gentilzhommes, & Paiges,
Femmes, Amoureux, & Marchans,
Minces, riches, mignons, meſchans,
Sçavent de ce tiltre la voye,
Il n'eſt propice à toutes gens,
Qui ſe meſlent d'ouvrer de ſoye.
En quelque maiſon que je ſoye,
On les met tousjours en leur place,
Comme le noyr, & ſe y penſoye,
Le jaulne, de c'eſt voſtre grace ;
Le fauveau, de faulce grimaſſe,
Taint en bleu, de ce vous en croy,
Fait ung pers, d'ung grant prou vous face ;
Et ung vert, de vela dequoy,
Ung tanné, de legier octroy
Vault ung gris, d'ung grant audivi ;
Soubz ung blanc, de pardonnez-moy,
Dieu ſçet ſe le monde eſt ſervy.
Noz grans orateurs aujourd'huy,
N'ont plus autre couleur en main.
Toutes façons de gens auſſi
Maintenant enſuivent ce train.
Deception court & ſur grain,
Sur femmes, & ſur eſcuyers,
Et ſur le vin, & ſur le pain,
Et en effet ſur tous meſtiers.

Ne

Ne voyons nous pas ces Drapiers?
Presser un drap ou gris ou jaune,
Qui ne vauldra pas trois deniers,
Ilz le venderont bien deux francz l'aune.
    Galures portent escrevices
De velours pour estre mignons,
Et sont deçeuz povres novices,
Cuydans que ce soient hocquetons.
Soubz grans robes fourrées de martres
Noz Bourgeoises tiennent ces termes,
De façonner leurs culz de cartes,
Affin qu'ilz en semblent plus fermes.
Elles ont visage frais & moite,
Jouës vermeilles, & blanches dens,
Mais c'est Dieu mercy & la boitte,
Ou les drogues qui sont dedans.
Une qui aura les yeulx rouges,
Les lave au matin d'une caue blanche?
Tellement que sur toutes gouges,
Elle semblera la plus franche.
Mais ne sont-ce pas bonnes faintes,
D'aucuns mignons chenuz & vieulx,
Qui ont tousjours les testes paintes,
Qu'ilz semblent jeunes par les cheveux
Quoy qu'ilz soient povres & caduques;
Et faignent qu'ilz ayent du content,
Si voi-t-on que soubz grans parucques,
Ne croist pas voulentiers argent.
    Madamoiselle par maniere,
Se façonne comme une gaule,
Et porte ung long touret derriere,
Pour musser une faulce espaule.
Quant noz mignons chaulx & testus?
Jouent au Glic ou à la Roynette,
Ilz emprunteront dix escus,
Dessus la clef de leur bougette.

Et baillent quant ilz sont sur champs,
Leur bougette à l'hotesse à garder,
Et dient qu'il y a cent francz,
Où il n'y a pas ung denier.
Nous voyons noz grans macquerelles,
Barbuës comme ung viel franc Archier,
Pour mieulx soutenir leurs querelles,
Elles font leur poil arracher,
Si promettent habits Royaulx,
Des chapperons, & robbes fourées;
Mais ce sont chapperons d'oyseaux,
Et aussi robbes à poupées.
Femme qui a quelque mignon,
Tire de luy bague ou anneau,
Et use de retencion,
Vous semble-il que le jeu soit beau?
Femme pour atraper martirs,
Et ruser quelque gaudisseur,
Gette emprès luy de grans souspirs,
Pour luy faire triste le cueur.
S'ont taste les grandes joncheresses,
Celles qui hantent es escolles,
Elles serrent si fort les fesses,
Qu'on ne les sçauroit trouver molles.
Femme à donner ung peu s'applique,
Pour retirer ung plus grant don:
C'est la couleur de Rhetorique,
Que on nomme repetition.
Noz mignonnes sont si tres haultes,
Que pour sembler grandes & belles,
Elles portent pentoufles haultes,
Bien à vint-quatre semelles.
Quelque une qui a front ridé,
Porte devant une custode,
Et puis on dit qu'elle a cuidé,
Touver une nouvelle mode.

Si Damoyselle a gorge laide,
Seiche & ridée soubz ses atours,
Elle portera pour remede,
Une cornette de velours.
　　Par telles manieres indeuës,
Par telle maniere & façon,
Sont souvent povres gens deçeuës.
Et ont une lourde leçon.
Amours ce n'est que trahison,
Aujourd'huy pour la contrefaire,
Je l'equipare à la maison,
Ou ouvrouer d'ung Apoticaire.
Une drogue à l'autre est contraire,
Combien qu'en ung lieu je les tiens.
Le mortier, c'est je veulx complaire,
Le pillon, c'est vous n'aurez riens,
La balance, je vous retiens,
Et le poix, vous vous abusez,
La batte, je vous aime bien,
Le couverceau, vous me faschez,
La fiole, vous me plaisez,
Et l'escripteau, ce n'est qu'ordure,
Le dedans, c'est j'en pers les piedz,
Et le dessus, je n'en ay cure.
Autour d'une mesme closture,
Ilz sont roses & epines,
Bien & mal, chaleur & froidure,
Composées de diverses mines.
Puis y a de vieilles racines,
Qui ont la vertu de aymant,
Et ne servent pour medecines
Sinon à tirer de l'argent.
On peult donc jurer bonnement
Qu'en amours en toute façon,
En tous estatz presentement,
Il ne court que deception.

*De dolo*, en faict mention,
Notez ce que dict en avons.
  Je mettray une queſtion,
La quelle tantoſt narrerons.
Le cas eſt, ung de noz mignons
Fut amoureux d'une fringante,
Qui demeuroit de-là les Ponts :
D'une Bourgeoiſe belle & gente,
Et pour en joüir luy preſente
Cent eſcus au commencement :
Toutesfoys c'étoit ſon entente
De joüyr d'elle loyaulment,
Et luy ſembloit que incontinent
Après la premiere ſecouſſe,
Il en pourroit finer ſouvent
Sans plus mettre main en la bourſe,
La mignonne prent & embourſe,
Les cent eſcus, & endura
Ce bien, ſans ce qu'elle ſe courſe
De riens, au moyen de cela :
Depuis le mignon s'en alla
Dehors, & ne fiſt demourée
Que trois jours ; quant il retourna,
Il la trouve toute changée ;
Elle contrefait la ruſée,
Et dit pourtant s'elle a hanté,
Qu'elle n'eſt plus deliberée
D'eſtendre la fragilité.
Dit oultre plus, qu'elle a eſté
A confeſſe, au bon Cordelier,
Qui l'a preſché & enhorté
De jamais n'y plus habiter.
Brief elle luy dreſſe ung meſtier,
Une riſée, une decepvance :
Le povre homme cuyde enrager,
Et ne ſçet tenir contenance.

Pour exception ou deffence.
Il repond que pas il ne croift
Que ung Cordelier de l'Obfervance,
Le puifse priver de ce Droit,
Veuë l'ypotheque qu'il avoit
Sur cette mignonne fringante.
Car la loy mefme ne pourroit
Sans caufe luy ofter fa rente.
Je demande fe l'applicante
Pour fruftrer l'autre & reculer,
A quelque raifon fuffifante,
De mettre en jeu le Cordelier.
Les Droitz nouveaulx pour abreger,
Refpondent que on ne trouve mye
Que ung Frere Mineur peult ofter
Le Droit d'une tierce partie.
Et quoique la mignonne dye,
Elle doit de toute raifon
Tenir loyalle compaignie,
Foy & promefse à ce mignon.
Mais s'elle alleguoit trahifon
Encontre luy, ou faulte grande,
Elle auroit bonne exception,
Pour le fruftrer de fa demande.
  Une aultre doubte je demande,
Femme à fon mary bas devant,
Qui prent à d'autre lieu provende.
Loit il de luy en faire autant?
Se fon mary s'en va hantant
Aucunes mignonnes fillettes,
Doibt-elle frequenter pourtant,
Les Cordeliers ou les Billettes?
Pourtant s'il a façon doulcette,
Qui fe voife ailleurs atteler,
Peut-elle courir l'efguillette
Et s'en faire auffi harceller?

Et cil qui voit fa femme aller
En lieu de gibier, à l'efcart,
A il caufe de grumuler,
Fraper ou luy donner fa part?
Les Droitz dient que tel fouldart,
Doit endurer en paix l'offence.
La raifon du faige dit par art,
*Dolus cum dolo* fe compenfe:
En ce cas l'ung l'aultre compenfe,
Puifque chafcun d'eulx eft en Ruyt,
L'ung a les dez, l'autre la chance,
C'eft fimpleffe d'en faire bruyt.
  Une autre queftion nous duit,
Une qui fert de beaulx meffages,
Une courtiere qui ne vit
D'autre chofe que de courtaiges,
En contrefaifant ces meffages;
Une mefchante defchirée,
Qui a couru bourgs & villages,
Et eft à tous habandonnée,
Une morfonduë, mal parée,
Une mefchant' bague au gibier.
Cette vieille l'a emmenée,
Et là vous met fur le meftier,
Et de faict l'a appoi tée
De chapperon rouge, au furplus
De corfet de foye, de baudrier,
De robbe: que voulez vous plus,
Tant que devant pour trois feftuz
Vous l'euffiez euë, ou pour du pain:
Maintenant la couple d'efcuz,
Ou le noble luy pend au fain.
Au temps de tout fon premier train,
Elle alloit par tout loing & près,
Et maintenant c'eft ung gros grain,
Et ne va que aux porches fecretz.

Elle alloit devant & après
Toute seule, à mont & à val,
Maintenant c'est ung cas exprès
Qui la fault conduire à cheval.
Quel' tromperie ! propos final,
C'est deception & cautelle.
Or l'inventeur de tout le mal,
A esté cette maquerelle.

Je demande comment doit-elle
Estre pugnie veu qu'elle s'applicque
De bailler si lourde marelle,
Et tromper la chose publicque ;
Selon Droit & la theorique,
On la doit pugnir voirement ;
Mais, par mon serment, la pratique
Est au contraire maintenant,
C'est que on la pugnist d'argent,
Et de peine pecuniaire,
Au profit de quelque Sergent,
Qui en est le Juge ordinaire.
Mais que on luy fonce le salaire,
Elle aura son gaige exprez,
Et si n'y aura Commissaire,
Qui en parle jamais après.

Une aultre question je metz,
Que vous semble il d'une ymage,
Qui s'acointe d'aucun nyais,
Et vent troys foys son pucellage ?
Quelque gros grain faiseur du saige,
La vient ung petit manier :
Celuy là paye l'apprentissaige,
Et le pucellaige premier.
Depuis survient quelque escollier
Gorgias, de bonne maison,
Qui se met à en essayer,
Et est le second échanson :

Après revient quelque mignon
Qui paye & passe les destroitz :
Vous semble il que ce soit raison
Vendre une seule chose à trois :
Quelque vendage toutesfoys,
Qui soit faict ou qui ait esté,
Telle marchande contre noz Droitz,
Retient la proprieté.
Je demande se d'équité,
Il est saige, ou fol qui si fie,
Et se pour telle faulceté,
La nymphe doit estre pugnie ?
Les Droitz decident, quoy qu'on dye,
Se la faulceté est congneuë,
Celle qui faict la tromperie,
Sera fustigée & batuë,
Demy vestuë, & demy nuë,
Pour recongnoistre son delict :
Non pas en carrefour ne en la ruë,
Mais aux quatres cornetz d'ung lict.
Les dents contremont, l'esperit
Pensant, ravy en amourette,
La teste au bout du chalit,
En lieu du cul d'une charette.
Et l'execution parfaicte,
Après quatre ou cinq moys passez,
Par ceulx qui la despeche ont faicte,
Affin d'estre recompensez.

   C'est trop caquetté, c'est assez,
Sur le dol, ce m'est advis.

*S'ensuit donc pour estre avancez,*

## LA RUBRICHE *de Impensis.*

Des Impenses ; selon tous ditz,
S'on tache à decepvoir les gens,

Et tromper par moyens ſubtilz,
Ce n'eſt que à fin des deſpens.

## DE IMPENSIS.

Pour ce après *de Dolo* je prens
Des Impenſes en bonne foy.
Ceulx qui font l'arquemie aux dens,
Ne practiquent point ceſte loy,
Ceulx auſſi qui n'ont pas dequoy,
Ne peuvent telz grans deſpens faire,
Pour ce c'eſt le pis que je voy,
Quant ung homme eſt mince de caire.
Se ung amoureux n'a que traire,
Ne que mettre en production,
Il n'y fault point de Commiſſaire,
Pour faire la taxation.
Trop inutille eſt l'action,
Celuy qui à povreté tire.
Encore pis l'execution,
Là ou on ne treuve que frire.
Or n'eſt-il riens au monde pire,
Quant ilz ont enſemble leurs Cours,
Pour ung povre mignon deſtruire,
Que faulte d'argent en amour.
On a veu les anciens jours
Qu'on aimoit pour ung tabouret,
Pour un eſpinglier de velours,
Sans plus pour ung petit touret.
Aujourd'huy il fault le corſet,
Ou la trouſſoire d'ung grant pris.
Ou bailler dix eſcus d'ung tretz,
Ou la robbe fourrée de gris.

Or voicy ung cas qui eſt mis,
Ung mignon ayme une mignonne,
Et ſont ſes eſperitz ravis,
Tant luy ſemble-elle belle & bonne;

A elle du tout s'abandonne,
Et pour la faire plus mignotte,
Quatre aulnes de satin luy donne,
Pour luy faire faire une cotte.
C'étoit satin de belle sorte,
Sendré, ung satin de Fleurence,
Et de faict la prie qu'elle porte
Cette cotte, pour sa plaisance,
Pour avoir de luy souvenance.
La Bourgeoise eut ung aultre amy,
A qui elle donne & advance
Les quatre aulnes de satin cy,
Il les prent & est rejoüy,
Il fringue, & en faict sa fredaine.
L'autre songe & est esbahy,
Qu'il voyt qu'il a perdu sa peine.
L'ung est tondu, l'autre a la laine,
L'ung eschelatre, l'autre la tonne,
L'ung est celuy qui seme avoine,
Et l'autre est celuy qui moissonne.
Assavoir que raison ordonne,
Si je voys quelque sot fringuer
De chose que à femme je donne,
Se je la pourroye vendicquer,
Reprendre, ou à moy applicquer?
Le Droit nouveau est resolu,
Que on ne sçauroit tant topicquer,
Que le satin ne soyt perdu
Pour moy; mais bien au residu,
On ne peult la Dame apprehender,
Et se mon drap ne m'est rendu,
C'est assez pour la degrader
De son honneur, & proceder
Contre elle à degradation:
Le prelat qui sera l'ouvrier,
Sera quelque mauvais garson.

Telz motz qu'on dict une chanson,
Qui court par les ruës & sentiers,
Ce que on oste c'est bon renon.
Le regiftre aux mauvais Greffiers,
Et tous les menuz Officiers,
Comme Scribes, & Promoteurs,
Sont Pages, & pallefreniers,
Applicquans, marchans Gaudiffeurs,
Que sçay-je, un tas d'Afiftoleurs,
Qui ont ouy le faict compter,
Qui jetteront goullées plufieurs,
Et l'yront partout esvanter.
En ce point voit-on degrader
Celles qui trompent leurs amys.
C'est affez dit, il faut traiter,

## LE TITRE, *de Injuriis*

Des injures le tiltre est mis,
Ou y a de grandes matieres,
Penfez que ce tiltre est bien pris
Entre ces vieilles harangieres.
Les eftaux de ces poiffonnieres,
Les coffres de la lingerie,
Et les bacquetz de ces trippieres,
Ne font plains d'aultre mercerie.
Les crochetz de la boucherie,
En Chaftellet ung tas de facz,
Et au furplus la plaidoyrie,
De tous les plus grans Advocatz,
Injures trop, à tas, à tas.
Dieu fçet fe bien font efpluchées,
Parolles & menus fatras,
Aux chambres de ces accouchées :
Les feneftres ne font bouchées,
Que à faulx & à manches d'eftrilles:
Les couches ne font attachées

Que de grands lardons pour chevilles :
Les carreaulx furquoy feent les filles,
Sont pains d'ung tas de fe m'ift Dieux :
Les tapis, fe font evangilles,
Et vies à povres amoureux :
Au chevet du lit pour tous jeux,
Pend ung benoiftier qui eft gourd,
Avec ung afpergès joyeulx,
Tout plain d'Eaue Benoifte de Cour.
La garderobbe c'eft la court
Là où on traicte noz mignons,
Là on n'efpargne fot, ne fourt,
C'eft là où on les tient fur fons.
L'une commence les leçons
Au coing de quelque cheminée,
Et l'autre chante les refpondz,
Après la legende dorée.
Si-toft que matine eft fonnée,
Il n'y a ne quignet ne place
Que on n'y carillonne à journée,
Il eft tousjours la Dedicace,
En la meffe il y a preface,
Mais *de confiteor* jamais,
Oncques puis le temps Boniface
Auffi on n'y bailla la paix.
   Car il y a entre deux ais,
Tousjours quelqu'une qui grumelle.
D'entre fa voifine d'emprès,
Qui veult dire qu'elle eft plus belle.
Bref, c'eft une droicte chappelle,
Et fi n'y a Prelat d'honneur,
Qui ne tache bien fans fequelle
D'avoir place d'enfant de cueur.
L'une comptera de Monfieur,
Et l'autre d'une creature
Qui a cul de bonne groffeur,

Mais il ne vient pas de nature.
L'une dict que c'est enfanture,
L'autre dira qu'il n'en est rien,
Et pour oster la conjecture,
Chascune faict taster le sien,
S'il est fagotté, s'il est bien,
S'il est troussé, s'il est serré,
S'il est espais, quoy, & combien;
S'il est rond, ou long, ou carré:
Tel y a s'il estoit paré,
Et qu'on luy vist ung peu la cuisse,
On le trouveroit bigarré
Comme ung hocqueton de Souysse.
Celuy si me semble est bien nice
Qui fonde dessus une maison,
Car quelque chose que on bastisse,
Le fondement n'en est point bon.
Après, qu'on a dit ce jargon,
Tantost après arrivera
Une grande procession
Qui d'aultre matiere lyra.
L'une d'elles commencera
A resgaudir ses esperitz,
Dieu sçet s'elle praticquera
Le Tiltre, *de Injuriis.*
    Quelqu'une par moyens subtilz
Ira semer de sa voysinne,
Qu'elle suborne les amyes
Et les chalans de sa cousine.
D'une autre on dira que c'est signe
D'une parfaicte mesnagiere,
Prester pour garder sa cuisine,
Son cul plustost que sa chaudiere.
S'on touche de quelque compere,
L'une dit qu'il est trop faschant,
L'autre qu'il a belle maniere,

Mais il se panche ung peu devant.
D'ung tel, il sçet son entregent,
Et si luy siet bien à dancer:
Mais il n'a pas souvent argent,
Il ne sçet que c'est que foncer.
Quelque vieille va commencer
A filler, qui empongnera,
Sa quenoille de hault tencer,
Son fuzeau, de tout se dira,
Les estoupes, de on le sçaura,
Le roüet de j'ay bec ouvert,
Le vertillon, de on verra,
Le pot au roses découvert,
Le fil de la quenoille est vert,
Et si dextre pour s'enfiler,
Que le grant diable de vauvert
A peine se peut desmesler.
Pour mieulx à l'aise vaneler,
On met estoupes par dedans
La saincture de trop parler,
Et la couche l'on des plus grans:
On empesche langues & dents,
Et mettent leurs soings & leurs cures
Par lardons, broquars, motz picquans,
A exposer les escriptures.
C'est ainsy que telz creatures,
En parlant de l'autre & de l'ung,
Lisent le Tiltre des Injures.
C'est aujourd'huy le train commun
De noz Gentilz-hommes, quelque ung
En banquet n'entendra langaige
Que de mesdire sur chacun:
Sur quelque Bourgeoise; que say-je,
L'une est abillée en villaige,
L'autre est dangereuse au frain,
Et l'autre deveroit estre saige,

Car elle a ung tres grant engin.
D'une on dit qu'elle ayme hutin
Et a l'instrument compassé
Comme ung houseau de biscain,
Quant a le ventre deslassé.
L'une a couru, l'autre a trassé
L'une a les grans, l'autre a les gros.
L'autre a l'estomac renversé
Et a l'entendement au doz.
L'une a visaige de marmotz
Enluminé de vermillon :
Et l'autre sent l'ombre des brotz,
Ou la graine de morillon.
L'une est rognée par le talon,
Et cloche ung peu quant elle dance.
L'autre a le corps à reculon,
Et cuide l'on du cul la pance.

Brief, c'est une droicte plaisance,
Que d'ouyr mignons en bancquetz.
Car en celle où l'on met l'advance,
Il y a tousjours sy, ou mes.
Sotz, saiges, drups, dupes, nyais,
En playdoyés, en escriptures,
Tous Advocatz, & Clercz, & Laiz,
Sçavent ce Tiltre des Injures,
Et parlent souvent sans mesures,
Et injurient gens sans raison.
Et pour achever noz lectures,
Je veulx mouvoir deux questions.

Et puys *ho* ; l'une est, noz mignons
Vont quelque Bourgeoise hanter,
Et la tiennent si bien sur fons,
Qu'ilz parviennent à habiter.
Quant ilz ont faict, ilz s'en vont vanter
Par tout à Gaultier & à Sybille :
Et s'on ne les veult escouter

Aux champs, ilz le crient en la Ville.
Je demande par voye subtille,
Se la femme aura action,
De l'injure : & par rigueur du stille,
S'il y chiet grant punition ?
Je respons par distinction,
Ou celle dont on dict ce bien,
Prent des mignons argent, ou non,
Ou elle le faict, & n'en prent rien.
Se elle prent argent, tout moyen,
Tout remede, le Droit luy fault.
Et s'elle n'en prent point, trop bien
Elle a l'action, & ne chault
S'elle a eu chose qui le vault :
Car se vanter c'est mal rendu.
Et dit pour ce, que ung tel ribault
A bien gaigné d'estre pendu,
Par ainsy est le cas solu.

## QUESTION,

L'autre question en effect,
Est telle, ung Macé goguelu
Treuve sa femme sur le faict,
Assavoir mon se s'est mieulx faict
A luy, d'appeller ses voisins,
Les gens de la ruë, ou le guet ?
Que sçay-je, ung tas de maillotins,
Ses oncles, parens, & cousins,
Pour sa povre femme escorner,
Et affin qu'ilz soyent plus enclins
De consentir la separer :
Ou se c'est mieulx faict d'endurer,
Et luy dire par bons moyens,
Au moins deviez vous l'huys serrer,
S'il fust venu des aultres gens,
Se quelq'ung fust entré ceans,

Il n'euſt pas falu rompre l'huys.
Lequel eſt plus ſaige ? je tiens,
Auſſi les Droitz ſont à ce duys,
Et à ce reſolu, que puis
Qu'il ſçet qu'on beſongne, ou qu'on baiſe,
Devant qu'entrer doibt dire, & puis,
Qui eſt leans ? ne vous deſplaiſe,
Ne bougez, faictes à voſtre aiſe,
Sans luy demander que fais tu ?
Car qui ſe courſe ſi s'appaiſe :
C'eſt grant peine d'eſtre teſtu.
Penſez pour ung gentil coqu,
Qui veult vivre en perſeverance,
Il n'y a ſi belle vertu
Au monde, que de patience :
Car poſé qu'on parle, ou qu'on tance,
On n'en tient riens ce n'eſt que gloſe ;
Pour parler ne ſe muë plaiſance,
Brief, on n'en aura aultre choſe.
Mes mignons ſans plus longue proſe,
Auſſy quant ſerez avec gens,
Tenez touſjours la chambre cloſe,
Pour doubte d'aultres ſurvenans.
Par ceſte reſponſe je rens
Solu le cas qui eſt c'y mis,
Et finiſſent icy les moyens,
Du Tiltre *de injuriis.*

 Des Droitz nouveaulx avez oüys,
Sept Tiltres : c'eſtoit mon entente
D'en lire encore cinq ou ſix,
Voire dix, voire vingt, ou trente,
Mais brief pour ceſte année preſente,
C'eſt force vous tenir à tant,
On ne peult faire que en faiſant.
 Toutesfoys pour finer ces Droitz,
J'entens lire tous les ans,

Des Tiltres quelques deux ou troys,
Par maniere de paffetemps.
Pour cefte heure foyez contens,
Peu à peu fault ronger ou paiftre,
Petit à petit on eft maiftre.

 Se le temps n'euft efté eftroict,
En bref ie fçavoye les manieres
A faire les reigles des Droitz,
Qui euffent efté fingulieres :
Mais d'embraffer tant de matieres
En ung coup, tout n'eft pas empraint :
Qui trop embraffe, mal eftraint.
Par Dieu mes Dames, mes Bourgeoifes,
A tous voz maintiens gracieux,
Ne prenez pas mes dictz à noifes,
Mes motz ne vous foient ennuyeux ;
En mes ditz n'y a que tous jeux,
Et ne quiers à perfonne guerre :
Qui l'entend aultrement il erre.

 Auffy tres redoubtez Seigneurs,
Vers vous me veulx humilier.
Et vous mercye de voz honneurs,
Ce povre petit Efcolier,
Que daigné avez efcouter.
Mais en tous lieux & bas & haulx,
Souvienne vous des Droitz nouveaulx.

 *Cy finiffent les Droitz nouveaulx.*

# ICY
# COMMENCE
# LE PLAYDOYER
## DE
# COQUILLART,

*D'entre la Simple & la Rusée.*

# LE
# PLAYDOYER
## DE
# COQUILLART.

**MAISTRE SIMON,** *premier Advocat.*

ONSIEUR Maistre Jehan l'estoffé
Qui trenchez là de l'espousée,
Oyez le plait fort eschauffé
D'entre la Simple, & la Rusée :
Que la cause soit si traictée,
Affin que on entende le cas.

### LE JUGE.
Sus donc qu'elle soit despechée,
Faites appeller Advocatz.

### MAISTRE SIMON.
Deffault. La Rusée n'y est pas,
A la Simple.

### LE JUGE.
Deffault ayez,

### MAISTRE OLIVIER.
Je m'oppose quant à cela,
J'ay procuration.

### MAISTRE SIMON.
Montrez,
L'a point partie faict revocquer,
Puis le temps qu'elle la passa ?

E iij

## MAISTRE OLIVIER.

Je cuyde que vous vous mocquez,
Riens du monde.

## LE JUGE.

Faictes paix là.
A coup qu'on entende à voz dictz.

## MAISTRE SIMON *en plaidoyant dit;*

A la Simple pour qui je suis,
Demanderesse & complaignant
Contre la Rusée ; par ses dictz
Deffenderesse & oppposant,
En cas en matiere pourtant
De saisine & nouvelleté,
Compete & aussi appartient
Ce que sera cy recité.
Et premier, il est verité,
Que la nature feminine
La pluspart du temps est encline
A appeter le masculin ;
Presupposant ceste doctrine,
Car nous tendons à ceste fin ;
Pourquoy ladicte Simple, affin
Qu'elle eust ses desirs assouvis,
A toute heure, soir ou matin,
A son plaisir, à son devis,
A elle, selon mon advis,
Tout en son propre & privé nom
Appartient ung amy acquis,
Dit & appellé le Mignon ;
Duquel à juste tiltre & bon,
Elle pouroit le petitoire
Intenter, mais riens, nous venons
Tant seullement au possessoire.
Et pour bien entendre l'hystoire,
Cest amy estoit ung fricquet,
Ung Gorgias, comme on peult croire ;

Hardy, vaillant, loyal, secret :
Quant il trouvoit de nuyt le guet,
Ne failloit à frapper ou batre,
Tousjours en tuoit six ou sept,
Posé qu'ilz ne fussent que quatre.
Qui est-ce ? qui vive ? & de combatre,
Clif, clof, franchement, & de hait,
L'ung à la bouë, l'autre au plastre.
Demourez ribault, pas ung pet,
Tenant ung espée en effect,
Quand on vit qu'il chargeoit si bien,
Et vela mon cousin le guet,
Tantost de brouer le terrien,
Qui a ce fait ? je n'en sçay rien :
Quelque Laurens, ou Maistre Pierre,
Maistre Olivier, ou Maistre Jehan,
Qu'il soit prins, qu'on l'envoye querre,
On le labourra comme terre,
Posé que aultruy l'ait faict ou non,
Foncez, il en avoit la guerre,
Eschecq à l'huys, c'est faict, c'est mon.
Et par ainsi donc ce mignon,
Estoit ung homme hault & ferme,
Pour dire franchement hon, hon,
En curialité en gendarme,
Dire par la foy de mon ame,
Madame je vous ayme bien.
Je ne suis Jacopin, ne Carme,
Dieu mercy, j'ay assez du mien;
Par le ventre bieu ung maintien
Esveillé comme ung beau lepvrier :
Il fault dire du bien le bien,
A parler franc comme ung osier,
Six robbes chez son cousturier,
Huit ou dix gris brun, gris changeant;
Et sept ou huit chieulx le drappier,

Qui ne tiennent que pour l'argent.
Qu'il ne fust homme assez plaisant,
Hardy, secret, adventureux,
Si estoit bien propre, & duysant,
Et faict pour ung vray amoureux.
Ceste Simple en faisoit ses jeux,
Si le tenoit en pension,
Et d'icelluy est se m'aist Dieux
En tres bonne possession.

   En possession & saisine
De soy dire, porter, nommer
Vray Dame, seule & encline
A l'entretenir & aymer.
Seullement qu'elle l'eust mandé,
S'il eust esté oultre la mer,
Il s'en venoit royde & bandé,
La lance au poing, faisant grant chere.
Aultrement il eust amendé
Et eust payé la folle enchere.
De soy renommer droicturiere
Ancienne, vraye possesseresse,
Et comme de ce coustumiere,
Par Droit juste detenteresse,
Maistresse, amye singuliere
Par raison occupateresse,
Comme du sien propre heritaige :
Brief ladicte demanderesse
Le tient pour sien ; vela l'usaige.
Il estoit si courtoys, si saige,
Et avoit voulenté si franche,
Que s'elle eust voulu pour tout potage,
Elle l'eust mis dedans sa manche.

   En possession & saisine,
De l'édifice labourer,
Luy faire prendre medecine,
Pour plus amplement pasturer,

Puis tost rire , puis souspirer ,
Et si la maintient trop farouches ,
Le faire tourner & virer ,
Et galoper plus drus que mouches ;
Faire ralias , escarmouches ,
Dancer , & cent mille fatras ,
Luy faire suer grosses souches
D'or à vingt-quatre quaras ;
L'aller attendre au galetas ,
Craintif , poureux , froit , & seullet ;
Elle s'en venoit pas à pas
Quoy ? quest-ce ? qui a-il ? & de het.
Quoy ? comment ? que fusse en effect ?
Tout est en Dieu , passe , revien.
Dicte hé , ne voulez vous rien ?
Faictes tout à vostre appetit.
Il estoit si faict au deduyt ,
Et si aspre : aussi estoit elle ,
Qu'il ne leur failloit nul respit ,
Délay , grace , ne quinquernelle.
Celluy ne demandoit que celle ,
Et y en eust-il ung millier ,
Ung tel ne queroit , q'une telle ;
Vela à tel pot , tel culier.
De le faire de nuyt veiller ,
Et estrader par dessus tous ,
Il estoit l'amy singulier ,
Elle le faisoit à tous coups.
   En possession & saisine
De prendre , cueillir , percevoir
Rente , revenuë masculine :
Et tout ce qui luy peult eschoir ,
Exiger par tout , recepvoir
La depouille ; quant ou laboure ,
Au moins n'en peult on que d'avoir
Ce qui en vient , c'est chose seure ,

De povoir lever à toute heure
Les fruitz, prouffitz, & esmolumens,
Entre deux vertes une meure,
Ainsi que on ferre les jumens;
Comme baisiers, embrassemens,
Aubades, cent mille bons tours,
Et generallement tous biens,
Qui pevent escheoir en amours:
L'aller entretenir tousjours,
Tous les ans le jour des estraines,
Luy donner coletz de velours,
Saintures, chapperons de migraines,
Chausses, & souliers à poulaines.
De prendre telz chatz sans mitaines,
Vous sçavez que c'est ung abbus;
Vela le refrain. Au surplus,
Quant elle sentoit le motif,
Il failloit qu'il vint sus ou jus
La fournir à son appetit:
Car qui ne fonce de *quibus*,
Prester l'appetit sensitif,
Il se monstroit ardant, hastif,
Serchant par tout comme ung furon:
Et si n'estoit jamais retif,
Farrouche, ne dur à l'esperon
Et la tenoit en son giron.
Baiser assez, tel ty, tel my:
Il sembloit que le quarteron,
Ne leur en coustast que demy.
Elle disposoit d'icelluy
Ainsi que de sa propre chose:
Et comme son privé amy,
Le tenoit en sa chambre close.
D'aultres prouffitz sans longue pose,
En festes, en nopces, en banquetz,
Une violette, une rose,

Une marguerite, ung bouquet,
Quelque bague, quelque affiquet,
Pour dire hon, vous y penſez,
Eſtoit-ce faict, s'on le picquoit,
C'eſt-à-dire recommencez.
Et d'eſtre enſemble, aſſez, aſſez,
Ilz en eſtoyent tous couſtumiers,
Comme deulx beaux coulons ramiers.
De tous biens d'amours ſinguliers,
Elle en eſt en poſſeſſion,
Dont je me tairay voulentiers,
Pour plus bref expedition.
   En poſſeſſion & ſaiſine,
Qu'il n'eſt loyſible ne ne loiſt
A femme, commere, ou voyſine,
Ou de quelque eſtat qu'elle ſoit,
Qu'elle ne peult, & ſi ne doit
Donner trouble & empeſchement,
Ne s'efforcer d'y avoir Droit
Contre ladicte complaignant:
Et n'eſt loiſible aucunement
A homme ou femme, hault ou bas,
De le tenir ſecretement,
Ne auſſi d'en faire ſes choux gras,
Ses grans chieres, ſes ralias
De gueulle, ſes *gaudeamus.*
Nous avons pour nous ſur ce pas,
Loix, chappitres gros & menus,
La reigle de Droit au ſurplus,
Qui dit pour reſolution,
Ce mot. *Quod qui ſentit onus,*
*Sentire debet commodum.*
Beau Sire c'eſt dommaige don,
Ou ce ſont motz bien feriaux,
Que la Simple bate le buiſſon,
Et ung aultre en ait les oyſeaulx.

*Ubi de hoc ?* aux veaux , aux veaux ,
Cela c'est affaire au nyetz ;
Ce sont des paraphes nouveaulx ,
*Des Droitz de la Porte Baudetz.*
  En possession , & saisine ,
Que ladicte deffenderesse
Posé qu'elle soit sa voisine ,
Ne peult estre detenteresse ,
Ne aussi occupateresse ,
Au grief prejudice , dommage ,
De ladicte demanderesse ,
Car pourquoy , ce n'est pas l'usaige.
D'aultre costé si elle saige ,
Pour esviter plus grands despens ,
Qu'elle laisse ce tripotaige ,
Ou qui ne m'entend je m'entens.
  En possession , & saisine ,
Que ce ung quidam je ne sçay qui ,
Ou quelque femme tant fuit fine ,
Pretendoit Droit à cest amy ,
Pour vouloir user d'icelluy ,
Et en recepvoir les proffitz ,
De le rendre dès aujourd'huy ,
Piteux comme ung beau crucifix ;
Et s'ilz faisoient aucuns proffitz ,
De la troubler , ou empescher ,
Contredire aux Droits dessus dictz ,
De le faire reintegrer ,
Remettre sus & restaurer ,
Au premier estat deuëment.
Amender tout & reparer
Par Justice & autrement.
Ou se quelq'un ne sçay comment
Faisoit plus telle abusion ,
Le contraindre suffisamment ,

De faire satisfaction.
Et de laquelle possession
Et Droitz, ladicte complaignant
A pour toute conclusion,
Joüy, & usé plainement.
Par dix, vingt, trente ans franchement
A faict ce qu'elle en vouloit faire,
Par tel temps, & si longuement
Qu'il n'est memoire du contraire.
　Et mesmement sans soy distraire,
Depuis ung an & jour en ça,
Ainsy comme il est tout notoire,
Jusques à ce que dès pieça,
Je ne sçay qui la conseilla,
C'est une que on dit la Rusée
Print cest amy & l'emmena,
Affin d'en faire sa trainée,
Par voye indeuë & diffamée,
C'est ce dont-il est question,
Parquoy la Simple est empeschée
En sa bonne possession.
　Et après inhibition,
Et maintenant sans sejourner,
Comme appert par relation
Du Sergent, la faist adjourner,
Par devant vous, pour proceder
Contre elle, & à la verité,
Pour cause & matiere intenter,
De saisine & nouvelleté,
Si concludz qu'il soit adjugé,
A la Simple ledit mignon,
Par vous Maistre Jehan l'Estoffé
Et la maintenez veullent ou non,
La Simple en possession,
Et saisine dudict amy,
Et vela ma conclusion.

Oultre se ceſte matiere cy,
Eſtoit trop longue & ennuyeuſe,
Qu'elle ait la recreance auſſi
De la choſe contentieuſe.
Et que plus n'en ſoit curieuſe,
Sur peine de cent mârs d'argent
Ceſte Ruſée, ceſte baveuſe,
De luy donner empeſchement,
Ne aulcun trouble doreſnavant.
Et ſi requiers tous couſtz & fraitz,
Avecques reſtabliſſement,
Deſpens, dommaiges, & intereſtz
Par moy mis, ſouſtenus, & faitz
En ceſte cauſe : & proteſtans
De toute ayde, pour tous metz,
Concludz & demande deſpens.

LE JUGE.

Nous avons oüy voz moyens,
Et voz raiſons ſans faire pauſe,
Maiſtre Olivier de près prenant,
A coup deffendez voſtre cauſe.

MAISTRE OLIVIER.

Oüy ſon playdoyé, je cauſe
Choſe qui ſert à mon office.

LE JUGE.

Dictes ſans faire longue pauſe,
Soyez bref, il eſt neceſſaire.

MAISTRE OLIVIER.

Monſeigneur nous avons cy affaire,
Pour la Ruſée.

LE JUGE.

Or vous couvrez,

MAISTRE OLIVIER.

Grant mercy, je ne m'en puis taire,
Car elle a bon Droit. Vous orrez.
Soit en deffendant comme avez

Oüy, ce que dit a esté,
En la matiere que sçavez,
De saisine & nouvelleté.
Or dy-je quoy que ayt recité
Monsieur l'Advocat qui là est,
Que mon propos est bien fondé,
Et que mon faict est clair & net.
Et dit la Rusée en effect,
Pour monstrer son intention,
Que passé a long-temps elle est,
En très bonne possession
De cest amy, de ce mignon,
Et que à certain & juste Tiltre
Elle en a l'acquisition,
Comme il appert par son registre,
Et si fault qu'il y ayt Tiltre,
Elle prouvera clerement,
Par loy, decretalle, ou chappitre,
Qu'elle a bon Droit. Premierement
Pour le dire & bien brefvement,
Car nous avons d'aultres affaires :
Elle pose totallement
Possessions toutes contraires
Aux possessions frustratoires
De la Simple demanderesse,
Car elles sont bien solutoires
A la dicte deffenderesse.
Qu'el' n'en soit Dame & maistresse,
Si est : vela son *intendit.*
Mais pour respondre à ce que dit
La Simple qu'elle est seulle amye,
Elle est trop Simple, oncques on ne veit,
Se me semble, plus grant follye :
Elle est bien si estourdye
Que de cuyder, ou de penser,
La chair d'ung homme assouvie

D'une femme, & de s'en paſſer,
Quant de baiſer & d'embraſſer,
Voiſe à Dieu paſſer ſa fortune,
Aſſez, aſſez, trop d'avancer,
Pour ung coup à demy pecune:
Mais ainſy qu'il vient ſur la brune,
En quelque coing, ou quelque bout,
Vela s'on rencontre quelq'une,
Le ſang bieu c'eſt pour gaſter tout,
Ung lingeret tendre du bout,
Tendre la broche enharnachée.
On tend le becq s'il vient à gouſt,
Où eſt-ce qu'elle eſt accouchée?
Puis on vient, ung tel vous demande,
Patic, patac, à la ſachée,
S'on la trouve en place marchande,
Il n'eſt homme qui ne ſe bende,
Pour repaiſtre l'humanité:
Et n'y a celuy qui ne tende
A ſuivir la mondanité,
Vela le cas : d'aultre coſté,
On a beau tenir pied à boulle,
Car il n'eſt celle en verité,
Qui me vueille preſter le moulle.
On eſt vaincu à tour de roulle,
Et ſe faict tournez voſtre main:
Auſſi-toſt que la beſte eſt ſaoule,
On y pert la paille & le grain.
Et n'y a plus rien incertain,
Aujourd'huy vous eſtes d'accord;
Mais quoy, retournez-y demain,
Par le corps bieu vous avez tort.

  Tout le monde tend à ce port,
Parquoy quoy que la Simple dye,
Pour vouloir monſtrer par effort,
Qu'elle eſt vraye Dame, ſeulle amye,

Par mon sacrement je luy nye :
Car je cuyde que ce mignon,
A faict souventes foys folye,
Comme ung aultre, & pourquoy non ?
Ainsy donc c'est abusion
De ce dire, comme je croy,
Estre en bonne possession,
Autant à elle comme à moy,
Et allegue, raison pourquoy
J'en ay usé, j'en ay joüy,
Ne je sçay qui, je ne sçay quoy,
Par ung, deux, trois, quatre ans oüy.
D'aultre part voicy que je dy,
Prenez qu'elle l'eust possedé,
Combien que je crois que nenny :
Toutesfoys ce presupposé,
Il me semble que ç'a esté
Secrettement, par voye oblicque,
Et est selon bonne equité,
Possession non juridicque.
  Nous avons en Droit & praticque
Pour nous : au moins touchant ces ditz,
Et mesmement la loy unicque,
*Codice, ubi possidetis.*
Et la loy tierce. *Digestis.*
Qui dit, *eodem titulo,*
Que à bien posseder est requis,
*Non vi, non clam, non precario.*
De la Simple, je ditz *primo,*
Que sa possession & saisine
N'est pas faicte *tali modo,*
Comme le Droit le determine,
Mais est secrette & clandestine,
Recellée de nuit & de jour,
Et cōme sur crime & rapine,
Le recolloit en son sejour,

Sans faire virade ne tour,
Cheminer ne aller dehors :
Je ne sçay se c'estoit de paour,
Qu'il ne feist follye de son corps,
Combien qu'elle s'abusoit, fors
Qu'on ne la laissast point aller.
Non pourtant alors comme alors,
Avec les folz il faut foller,
De prendre quelqu'un, & le bouter
En sa tutelle, en sa baillie,
Afin de non point heriter,
Par le corps bieu c'est grant follye :
Car s'il debvoit perdre la vie,
Rompre barreaulx, crier & braire,
Saillir en bas par l'estampie,
Si est-il force de le faire.
Car pourquoy il est necessaire,
Et besoing à la creature,
Aulcunesfoys de soy forfaire,
Et trouver bestail & pasture.
Si aulcun quiert son adventure,
Et une femme le deduyt,
Cela ce n'est que nourriture,
En fault-il faire tant de bruyt.
Quant ces mignons si font en ruyt,
Et qu'elles le font à plaisance,
Le monde n'en est point destruyt,
Pourquoy ce n'est que accoustumance.
D'aultre part, se ung homme s'avance
De vouloir trouver quelque bien,
Quel mal est-ce ? comme je pense,
On ne luy demande rien,
Dont on le faict, comme je tien,
Souvent qu'on ne s'en doubte pas ;
Et pource à mon point je reviens,
Et veulx contredire ce pas,

Que la Simple pour tous debatz,
Se veüille seulle amye tenir
De ce mignon : voyla le cas.
A ce je veulx contrevenir,
Et le contraire maintenir.
C'eſt que la Ruſée ſans blâme,
S'en peult dire Maiſtreſſe & Dame,
Joüyſſant ſans quelque diffame,
Vela la reſolution.
Et prouvera par haulte game,
Qu'elle en a l'acquiſition.
Et oultre plus de ce mignon,
Soy maintenir & franc, & net,
En meilleure poſſeſſion,
Cent foys plus que la Ruſée n'eſt.
Et pource concludz en effect,
Qu'elle ſoit par vous maintenuë
En ſon bon Droict cler & parfaict,
Bien gardée & entretenuë,
Et comme vraye Dame tenuë,
Et de ceſtuy bien heritée.
A tort a eſté convenuë,
Pour la choſe bien conqueſtée.
Oultre la complainte intentée
Par la Ruſée, ſoit non vaillable :
Par vous gettée & deboutée
Comme faulce, non raiſonnable,
Torſionnaire, & deſraiſonnable,
Mal ſceuë, mal veuë, mal prouvée,
Par ce non prejudiciable
Au faict de la dicte Ruſée.
Nonobſtant choſe propoſée,
Affin d'avoir concluſion,
Par elle dicte, ou alleguée,
Pour fonder ſon intention,
Elle faict proteſtation,

Et si requiert tous coustz & fraitz :
Pour toute resolution ,
Despens, dommaiges & interestz.
## LE JUGE.
Nous avons oüy tous voz plaitz,
Maistre Simon sus desgueullez.
## MAISTRE SIMON.
Quant au regard de ses cacquetz,
Nous en sommes pieça saoulez.
## MAISTRE OLIVIER.
Sa Monsieur l'Advocat , parlez,
Replicquez & on vous orra.
## MAISTRE SIMON.
Vous dictes ce que vous voulez,
Il vous en croyra qui vouldra.
## LE JUGE.
Sus faictes le court.
## MAISTRE SIMON.
Or ça , or ça ,

Je dis que mon intention
Et bien fondée de pieça,
Touchant ceste possession :
Et respond par conclusion
Aux faictz , que dist partie adverse.
Baillé une solution.
Je ne sçay moy où il se verse,
Il a dit chose bien diverse ,
Et semble qui vueille ruer
Sur nous pour toute controverse,
Monseigneur qu'il se face advoüer.
## MAISTRE OLIVIER.
Riens ,
## MAISTRE SIMON.
Je le requiers.
## MAISTRE OLIVIER.
Tant harceller.

## MAISTRE SIMON.

C'eſt raiſon.

## LE JUGE.

Sus au demourant.

## MAISTRE SIMON.

A ce qu'il a ſommairement
Voulu dire, ſoy guermenter,
Qu' ung homme ne peut tant ne quant,
D'une femme ſe contenter :
Et que chaſcun veult appeter
Nouveaulx amys, nouveaulx gallans,
Tant que on enraige de habiter,
Ainſy que dient nouvelles gens.
Monſeigneur ſe tous ces moyens
Eſtoient vrays, croyez qu' on verroit,
Venir des inconveniens,
Bien grans ; car quoy, il s'enſuyvroit,
Que ung meſchant homme ſe pourroit
Prendre aux Succrées, & Druës.
Et ce ſemble qu'il ne fauldroit,
Qu'abatre femme emmy les ruës ;
Si telles manieres indeuës
Couroyent, tout ſeroit aboly,
Povres filles ſeroyent perduës,
Et le meſtier trop avilly :
Parquoy il n'y auroit celuy,
Qui ne gouvernaſt Damoyſelles,
Et qu'il ne voulſit aujourd'huy
Sans foncer, avoir des plus belles,
Et des plus gorgiaſes, s'elles
Se vouloyent habandonner
Comme il diſt, qu'elles fuſſent telles,
( Dieu le me veüille pardonner )
Il ne faudroit donc plus donner
Rubis, diamans, ne turquoyſes :
Mais dire franc ſans ſejourner,

Allons, faisons, ne vous deplaise,
Chascun en feroit à son ayse,
Sans avoir langaige, ou effroy :
La coustume en seroit mauvaise :
Pource, ce qu'il dit n'est pas vray.
D'aultre part je luy repondray
Se je puis, soubz correction,
Affin qu'il soit mis à l'essay,
D'impugner ma possession.
Il dit pour resolution,
Qu'elle est secrette & clandestine,
Contre la disposition
Du Droit, qui de ce determine.
Or dis-je pour toute doctrine,
Bien prescripte, & raisonnable,
Bien observée, non muable,
Honneste, juste, & auctentique,
Gardée par tout, non variable,
Et dequoy l'en use en praticque :
Il n'est requis, quoy qu'on replicque,
En amours en touchant ce dict,
Possession si très publicque,
Et si notoire comme il a dit.
Mais pour intenter l'intendit,
C'est assez qu'on ayt possedé
Secretement, cela souffit,
Et ainsy il est praticqué.
Il fauldroit se j'ay habité,
Avecques Jennette ou Jaquette,
Qu'incontinent soit publié
A son de trompe, à la sonnette.
Ou se quelque fille secrette
A presté ung peu l'instrument,
Et on le sçet, s'on en caquette,
Qu'elle perde son Droit, pourtant
Se seroit dommage trop grant,

Il est mainte femme succrée,
Mainte Bourgeoyse tant ne quant,
Qui en a bien toute l'année,
Fors qu'elle le fait à l'emblée
Cinq ou six foys, & se m'aist Dieux,
S'on le sçet elle est diffamée,
Et s'en mocque l'en qui vault mieulx,
Ce Droit là est trop rigoureux.
Se Maistre Olivier se boffume,
Ou s'il veult faire le vereux,
Il y impose ceste coustume,
Se bonne est pour luy, si la hume.
   Quant est de la possession
Qu'il allegue, dit & resume,
Que la Rusée de ce mignon,
En a eu l'acquisition :
Il cust plus gaigné de s'en taire.
Monseigneur, soubz correction,
Je vous monstreray le contraire.
Ceste Rusée par soy distraire,
Par tant d'allées & de venuës,
Par trop penser, par soy forfaire,
Les mordans, parolles aguës,
Nouvelletez, choses induës,
Brocquars, dissimulations,
Lardons, cautelles incongneuës,
Prieres & persuasions,
Par faintises derisions,
Par motz dorez, par joncheries
Sornettes, adulations,
Malices, façons rencheries,
Langaige affaicté, railleries,
Blason de Court par voyes indeuës,
Par desordonnées fringueries,
Et par manieres dissoluës.
   Par telles faulcetés a euë

Ses Droitz, ses acquisitions :
Par quoy sont de nulles valuë
Toutes telles possessions,
Blandices, subornations,
Par robbes fenduës, sainctz ouvers,
Menteries, seditions,
Par mines à tetins descouvers,
Machinations, motz couvers
Faulx entresains & controuvez,
Et par aultres moyens divers,
Qui sont induz & reprouvez.
Exemple, comme vous sçavez
En ung bancquet la creature
Se venoit asseoir à ses piedz,
Pour luy eschauffer la nature :
Et luy disoit plustost injure,
Plustost l'appelloit son amy.
Que vous en semble-il d'icelluy,
C'est-il, c'est mon, cela, cecy.
Et pource au trou la cheville,
Estes vous bien, oy, nenny,
Il respondoit au coup la quille,
Elle sautelle, elle fretille,
Pour cuyder rompre la regnette,
Comme ung cheval doulx à l'estrille
A qui on met la gromette.
Elle estoit si rusée, & faicte,
Qu'elle luy disoit franchement,
Je vous songe, je vous souhaitte,
Je pense à vous incessamment,
Par telle mine & faulx semblant,
Et par tel langaige trouvé,
L'a faulcement mauvaisement,
Seduyt & aussi suborné.
Et de faict par prinse de corps,
Ou de bon emprisonnement,

Puis qu'elle faict telz griefz & tors,
Telz effors, & telz tourmens,
Telz crimes, telz abufions,
Telz delictz ne vallent au fors,
Toutes fes acquifitions,
N'auffi toutes poffeffions.
Dont la dicte Simple au furplus,
Perfifte en fes intentions,
Et fi concludz comme deffus.

MAISTRE OLIVIER.

Pour refpondre à fes points.

LE JUGE.

Or fus,

C'eft trop playdoyé.

MAISTRE OLIVIER.

Encores ung mot,

Monfeigneur, s'il vous plaift.

LE JUGE.

Mettez fus.

MAISTRE OLIVIER.

Grant mercy, j'auray faict tantoft.
J'ay bien oüy tout fon tripot,
Et fes baves : elle prouvera
Tous fes faictz; parlons par efcot.

MAISTRE SIMON.

C'eft à tort.

MAISTRE OLIVIER.

Bien bien, on verra.

MAISTRE SIMON.

Je protefte.

LE JUGE.

Faictes paix là.

Injures font cy interdictes.

MAISTRE OLIVIER.

Or ça elle vous monftrera
S'elle eft telle comme vous dictes.
Par Droictz, & par raifons efcriptes,

J'ay mes intentions cy muës,
Monfeigneur qui ne font petites :
Maiftre Simon les a folues,
En alleguant chofes menuës.
Je ne fçay moy où c'eft qu'il preuve,
Des confequences fi cornuës,
Ne où tout les diables il les treuve,
*Benedicite* : & je preuve,
Tout au long mon intention,
Mais fa confequence & fa preuve,
Ne tiennent à chaulx ne à fablon.
Se feroit une abufion
De la reciter, je m'en tais,
Pour plus brefve expedition.
  Oultre au fecond point où je metz,
Et fi maintiens à tousjours mais,
Sa poffeffion & faifine
Ne valoir riens, & pour tous metz,
Eftre fecrette & clandeftine :
Il refpond & fi determine,
A une couftume notable,
Comme il dit, mais il la devine,
Car elle eft faulce & variable,
Et au Droit prejudiciable ;
Mais affin qu'on ne fe perturbe,
Chafcun pour le plus veritable,
Produira fes tefmoings en turbe,
Et que l'ung l'autre ne d'eftourbe,
Et les enqueftes accomplyes,
Affin qu'il n'y ait point deftourbe.
On fera lors Droit aux parties.
Touchant le tiers point, j'ay oyes
Ung tas d'excès & de follies,
Et d'aultres perfuafions ;
Et dit-on acquifitions,
Avoir efté par ce point la

Faictes, se sont abusions,
Le contraire se trouvera.
Aussi doncques par ses vertus,
Peine, labeur, & industrie,
Et non pas par moyens indus,
Comme motz, couvers de joncheries,
Elle acquesta la seigneurie
Et renommée de cest amy.
A quoy que la Simple varie,
Et en use, & en joüyt,
Et demeure touchant cecy,
Ferme en son propos pertinent,
Offre à prouver, conclud aussi
En la forme comme devant.

### MAISTRE SIMON.
Monseigneur.

### LE JUGE.
C'est assez.

### MAISTRE SIMON.
Seullement
Ung mot.

### LE JUGE.
Il est tard.

### MAISTRE SIMON.
Audience.

### MAISTRE OLIVIER.
Rien, rien.

### MAISTRE SIMON.
J'auray dit maintenant,
Monseigneur.

### MAISTRE OLIVIER.
Imposez luy silence.

### LE JUGE.
Parlez bas.

### MAISTRE OLIVIER.
Monseigneur, que on s'avance.

LE JUGE.
Defpechez vous, il eſt temps.
MAISTRE SIMON.
Je demande la recreance,
Je m'en raporte aux aſſiſtans.
LE JUGE.
Paix là, Meſſeigneurs cy preſens,
Monſeigneur maiſtre Pierre Happart,
Vous eſtes bien garny de ſens
Et eſtes ung ſaige Coquart,
Voſtre opinion.
HAPPART.
Monſieur,
Veu ce qu'ilz diſent à l'eſquart.
LE JUGE.
Couvrez vous.
HAPPART.
Ha! ſaulve voſtre honneur.
LE JUGE.
Sus de par Dieu ſus, quel couleur
Auray-je de donner ſentence?
HAPPART.
On doibt bailler pour le plus ſeur
A la Simple la recreance:
Car elle a plus belle apparence;
Que la Ruſée, quoy que l'on dye,
Et les declarez par ſentence
Contraires en ceſte partie.
LE JUGE.
C̗a maiſtre Oudart de main garnye
Que vous en ſemble dictes en?
MAISTRE OUDART.
J'ay ſon opinion oüye,
Par ma foy Monſeigneur il dit bien.
LE JUGE.
Deliberez ſur ce moyen,

Maistre Guillaume l'Abbateur.
### L'ABBATEUR.
Quant à moy tousjours je me tien,
A l'oppinion du meilleur.
### LE JUGE.
Opinez qui a le meilleur.
Sus Maistre Jacques l'affaictié,
Que vous en semble dictes en?
### L'AFFAICTIE'.
Par sainct Jacques ilz ont trop bien
Dit, faictes en le traictié,
Comme ilz ont dit formellement,
Et qu'il n'y a aulcun blecé,
Vous ferez bien & justement.
### LE JUGE.
Or ça donc pour abbregement,
Oyez voz raisons très propices,
Vous aurez ung appoinctement:
Mais il faut payer les espices,
Se sont les Droitz de noz offices,
Et puys on vous appointera.
### MAISTRE SIMON.
Monsieur nous ne sommes pas nices,
Ne vous chaille, on y pensera.
### LE JUGE.
Le Juge appointé vous a
En telle façon & substance,
Et dict que celle Simple aura
De cest amy la recreance,
Despens reservez en sentence
Diffinitive, sans doubter,
Oüy de chascune l'alegeance.
Contraires vous peult appointer,
Et viendrez vos faitz apporter
Par escript sabmedy au soir,
Comme à ceste heure après souper,

S'il vous plaist vous y viendrez veoir.

L'ACTEUR.

Par ce l'en peult appercevoir,
Souvent en mainte plaidoyrie,
Ung homme affin de recepvoir,
Estre ensemble juge & partie.
Aussi l'Advocat qui playdie,
Les causes, raisons, & moyens,
Pourveu qu'il ayt la main garnye,
Estre pour les deux aboyans;
Mais toutesfoys je n'en dys riens,
Et vous en vueille souvenir.
Pardonnez à mon simple sens,
A Dieu jusques au revenir.

*Cy fine le plaidoyé de Coquillart touchant la
Symple & la Rusée.*

# CY
# COMMENCE
## L'ENQUESTE
### *D'entre la Simple & la Rusée.*

R ça maiftre Jean l'Eftoffé,
Qui jadis fuftes efchauffé,
Touchant mainte menuë penfée;
Vous fçavez que dès l'an paffé,
Y euft ung procès commencé,
Entre la Simple & la Rufée,
Dont la caufe a efté plaidée,
Et auffi liticonteftée,
Par devant vous comme eft notoire,
Et pour eftre plus abregée,
Fut la recreance adjugée
A la Simple & le poffeffoire.
  Et au regard du petitoire,
Fut appointé par vous encoire,
Quel' prouveroit fes intentions;
Et pour cela vous debvez croire,
Qu'elle bailla tout par memoire.
Articles & pofitions,
Lefquelles faifoyent mentions
De batures, feditions,
D'excès, de partialité,
De contractz, & de pactions,
Et auffi de Droitz & raifons,
Qui touchent la proprieté

Du mignon ; & en verité ,
Cela fut par vous appoincté ,
Et furent donnez Commissaires,
Ausquelz la Rusée a porté
Ainsi comme il est d'équité ,
Ses poinctz & interrogatoires:
Et la dicte Rusée encoires ,
Aux possessions & memoires ,
Respondit tout pour le meilleur.
Du surplus voicy peremptoires ,
Lesquelz tantost seront notoires ,
Et dont vous orrez la teneur.
Or soubz correction Monseigneur ,
Il semble qu'il y ayt erreur
Bien grant en cest appointement :
C'est à savoir que ung possesseur
Soit en la cause demandeur ,
Et qu'il preuve totallement
Ses faitz , je ne sçay pas comment ;
Car nous avons communemeut ,
*Et de jure notissimo ,*
Contre vous ung fort argument.
*Quod possidenti ,* seurement ,
*Nulla competit actio.*
*Instituta & digestis*
Aussi vray , que je le dis.
Au Paragraphe *cum vero*
*De acquirendo dominio :*
Le plus souvent *invenio*
*In jure , quod probatio*
*Semper incumbit actori.*
Et doncques pour cela je dy ,
Quant est de cette Simple cy
Laquelle a eu la recreance
Et possession de l'amy ,
S'il fault qu'elle prouve cecy ,

Se semble maulvaise sentence,
Mais se la Rusée en substance,
Veult obtenir la joüyssance
De ce mignon, elle debvroit,
S'elle cuyde avoir sans doubtance
Sur le petitoire apparence,
Prouver & poursuyvir son Droit.
Au regard de ce on pourroit
Respondre en ce point qu'il vouldroit,
Qui est bien vray, se ung demandeur
Sur le possessoire intentoit
Seullement, & il obtenoit,
Et parce qu'il fust detenteur
De la chose, le deffendeur,
Qui se veult dire vray seigneur,
Et qui la noyse renouvelle,
Au petitoire soyez seur,
Qu'il se doibt tenir assailleur.
Pourquoy, c'est une aultre querelle.
Mais quant ensemble on interpelle
Les deux causes en ung libelle,
Le demandeur en l'une, sans ce
Qu'on die que c'est aultre querelle,
Doibt l'autre prouver toute telle :
Car ce n'est que une mesme instance,
Et de l'une & l'aultre allegance,
Ensemble doibt estre traicté,
Et le cas des deux sans doubtance,
Soubz ung mesme juge intenté :
*Nam continentia causæ*
*Numquam non debet dividi.*
Comme nous avons *Codice*
*De judiciis* : la loy *Nulli.*
Doncques que c'este Simple cy
A les deux causes intentées,
Tout ensemble, par elle aussi

Les deux doibvent estre prouvées.
Car ses demandes sont formées
En tout cas & à toutes fins :
Dont les escriptures baillées,
Les registres, & parchemins,
Feront foy, non pas ces badins
Qui corrumpent le Playdoyé.
Ces vendeurs, ces forges latins,
Je n'ay point leurs faits advoué,
S'ilz ont lourdement coppié,
Et mis en une faulce voye,
S'ilz ont erré ou desvoyé,
Ce n'est pas ce que je queroye,
Or contre ce que je disoye,
J'arguë, car de raison escript,
On trouve qui n'est pas petit,
*Quod causa possessionis*
*Et causa proprietatis,*
*Nil habent in se commune,*
*Sed differunt quoad omne.*
Comme il est mis *formaliter*
En la loy *Naturaliter.*
*Digestis, de acquirenda*
*Possessione,* & y a
Cela noté, & non pas mal,
Dessus le chapitre final.
*Et de judiciis extra,*
*In glossa ordinaria.*
Puisque c'est chose si contraire,
Je cuide qu'il soit fort à faire,
Que on les puisse intenter ensemble,
Et pour cecy, faict se me semble
Une loy *Incerti juris.*
*Codice, de Interdictis.*
Qui dit qu'on les doibt intenter
L'ung après l'aultre sans doubter,

Non point enſemble : y a auſſi
Une loy *Ordinarii*,
Laquelle eſt miſe *Codice*,
*De rei vendicatione*,
Qui baille ſes enſeignemens,
Se ſemblent très ſors argumens :
Mais voicy les ſolutions.
Il y a des oppinions
Bien diverſes deſſus ce cas,
De Procureurs & d'Avocatz,
De Docteurs, & de gros maſche ſens,
Et auſſi d'aultres ſaiges gens,
Et brief *Martinus & Baldus*,
Auſſi *Joannes Accurſius*,
*Gloſſator juris civilis*,
*Stabant legibus predictis.*
Souſtenans, qu'on ne pourroit pas
Intenter ainſi les deux cas,
C'eſt à ſçavoir le petitoire
Quant & quant le poſſeſſoire,
Mais *quaſi cæteri omnes*
*Tenentes ſacros Canones,*
*Referunt in oppoſitum,*
*Scilicet, quod eſt licitum*
*Eam & ex una inſtantia,*
*Et dicunt quod ſententia*
*Nata de poſſeſſorio,*
*Incontinenti poſtea*
*Fertur de petitorio :*
*Vel ſi quod pronuntiato*
*Petitoris expreſſe,*
*Poſſeſſorium ſub illo*
*Pronunciatur tacite.*
Comme il eſt cotté & notté,
Et trouvé *per argumentum*
*In lege prima Codice*

*De ordine cognitionum.*
Et de faict ceſte oppinion,
Eſt bien certaine ſe me ſemble,
Qu'on les peult intenter enſemble
La quelle je veulx approuver,
Pour noſtre appoinctement ſaulver.
Car pour elle faict ſans abbus :
Le chapitre *cum dilectus,*
*Qui eſt extra,* ſe m'eſt advis,
*De cauſa poſſeſſionis.*
Et de la matiere parle on,
*Quaſi per totum titulum,*
Et ainſi comme je l'entens,
Et affin que les eſcoutans
Ne cuydent qu'il y ait erreur,
J'ay dit ſelon mon povre ſens,
Ce qui m'a ſemblé le meilleur.
Laiſſons cela, ça Monſeigneur,
Voicy noſtre Enqueſte ſçellée,
Et cloſe ſans quelque faveur,
Pour Dieu qu'elle ſoit publiée,
Devant chaſcun à gueulle bée,
Faictes la prononcer & lyre.

LE JUGE.

Voſtre enqueſte bien m'agrée,
Je le veulx, voulez vous rien dire ?

L'ADVOCAT DE LA RUSE'E

Je proteſte de contredire,
Et de ſes teſmoings reproucher.

L'ADVOCAT DE LA SIMPLE,

Et s'on veult riens ſur eulx meſdire,
Je proteſte de les ſaulver.

LE JUGE.

Eſcripvez Monſieur le Greffier,
Leur proteſtation honneſte ;
Et vous deſpeſchez hault & clair,

A coup & lifez cefte Enquefte.

### LE GREFFIER.

Tefmoings produictz à l'Enquefte,
De notable femme & honnefte,
La Simple en tout bien renommée,
Sur la demande qu'elle a faicte,
Comme il eft à tous manifefte,
A l'encontre de la Rufée,
Examinez de plaine entrée,
Par nous Geoffroy Chaffe-marée,
Regnault Prens tout, Maffé Mauduit,
Commiffaires d'après difnée,
Licenciez foubz la cheminée,
Ouvriers pour enfourner pain cuyt,
Dequoy premierement s'enfuyt,
Le narré d'ung tefmoing produyt,
Ouy de couraige joyeulx,
Le jour & l'an que on dit,
M. cccc. lxx. viij.
Dont vous orrez ung mot ou deux.

### LE PREMIER TESMOING.

Noble homme hault, puiffant, & preux
Meffire Enguerrant l'outrageux,
Seigneur fur poulain entravé,
En petitz faictz advantageux,
Capitaine de plufieurs lieux,
Et Chevallier fur le pavé,
Pour fervir de gibet à pié
Garde d'ung paffaige eftouppé
Afpre & cruel après la gouge,
Fermier de l'eftang derivé,
Guernetier fur tous approuvé
Du fel, qui croift en la mer rouge,
Aagé dans une plaine bouge,
Affermenté deffus ung crible,
Refpondit, que homme ne bouge,

Vous orrez une droicte bible,
Et desposa chose impossible,
Comme vous orrez par escript,
Toutesfoys elle est bien possible,
S'il est ainsi comme il le dit.
   Examiné, s'oncques il vit
Les personnes, respondit que oüy:
Qu'il congneut dès qu'il fut petit
La Simple, & la Rusée aussi,
Et jura qu'il estoit ainsi.
   Examiné à sçavoir mon,
S'il congnoist point touchant cecy,
Ung que on appelle le mignon,
Dont il est present question :
Respond qu'il le congnoist vrayement
Et qu'il a esté compaignon
Maintesfoys dudict deposant;
Qu'ensemble ilz ont hanté souvent,
Avecques mainctes bourgeoisettes,
Comme font marchant à marchand,
Touchant leurs petites chosettes :
Et ont faict mainctes besongnettes,
Mainctz petis bancquetz, mainctz fatras,
Et maintes assemblées secrettes
Dequoy ilz ne se vantent pas,
Et faisoient les deux gorgias,
Entretenant ce monopolle,
Ensemble par tout leur pourchas,
Pour besongner en terre molle,
Et du temps qu'ilz hantoient l'escolle,
Toute leur resolution
N'estoit jamais d'aultre parolle
Qne du faict d'habitation.
   Examiné à sçavoir mon
S'il sçet point sur ce contenu,
Que aulcunes foys ledict mignon

Ayt à la Simple appartenu :
Respond qu'il l'a entretenu,
Et luy souvient bien qu'il veoit ;
Que le mignon comme tenu,
A elle souvent en parloit,
Et que icelluy la souhaittoit
En tout, & par tout, & tousjours ;
Quasi comme s'il la tenoit,
Sa seulle Dame par amours.
Avec se disoit tous les jours
Au dict deposant, que la dicte
Sur toutes aultres avoit cours,
Pour estre propre, gente & miste ;
Combien qu'elle fust fort petite,
Et que touchant la courtoisie,
Une dragme prinse à l'eslite,
En valoit bien livre & demye.
   Oultre examiné de la vie
Dudict mignon, s'il peult sçavoir
Que il ayt point quelque aultre amye.
Dit qu'il ne le peult concepvoir,
Qu'ung aultre l'eust peu decepvoir ;
Et que par aulcune maniere,
Estoit ainsi, & croyt pour voir
Que la Simple estoit singuliere.
Et oultre sur ceste matiere
Examiné, pour quelle raison
La Simple estoit familliere,
Et maistresse dudict mignon,
Se c'estoit par vendition,
Ou par contract, ou par abus,
S'il en sçet riens : repond que non.
Ces motz furent par moy concludz ;
Interrogé quant au surplus,
Sur le faict de ceste assemblée,
Jure & respond qu'il n'en sçet plus,

G iiij

Au moins qui touche la meſlée ;
Et lendemain ladicte aymée,
Fut oüye ceſte depoſante,
Et par nous comme ſuffiſante,
Bien & deuëment examinée.

## LE SECOND TESMOING.

Noble Dame haulte atournée,
Dame Florence l'eſcornée,
A longue eſchine, plate forcelle,
Allant de nuit ſur la veſprée ;
Princeſſe de baſſe contrée,
Et preſte à chevaucher ſans ſelle ;
Dame quant elle a ſon eſcuelle,
Refaicte comme une groſelle,
Gorgée comme ung oyſeau de proye ;
Faſſonnée comme une chandelle,
Durette comme une prunelle,
Et cordée comme une lamproye ;
Aagée comme une vieille oye,
Oüye comme deſſus eſt dit,
Interroguée la droicte voye,
Depoſa tout ce qu'il ſenſuyt.

Et de prime face nous dit,
Qu'elle avoit d'aultre foys eſté
Cointe, mignonne, ayant le bruit
Touchant toute joyeuſeté :
Mais que ſon temps eſtoit paſſé,
Toutesfois qu'elle valoit bien
Les gaiges d'ung Archier caſſé,
Pour trouver quelque bon moyen.
Du ſurplus ne ſervoit à rien
Fors à boire comme une cane ;
La raiſon, car ſon cordouen,
Eſtoit ja devenu baſane.

Examiné raiſon moyenne,
S'elle congnoiſt point la Ruſée,

Respond qu'elle est Parisienne,
Grosse, courte, bien entassée.
Tousjours une fesse troussée,
Le bec ouvert, l'œil entaillé,
Pour bien chasser à la pipée,
Et prendre quelq'ung au caillé.
Petit musequin esveillé,
Preste à donner l'eschantillon,
A quelque grobis esmaillé
Contrefaisant l'esmerillon :
Et puis quant on a l'esguillon,
Et qu'on se sent de l'estincelle,
On faict comme le papillon
Qui se brusle à la chandelle.
Et pensez qui n'a bonne helle,
Pour soy contregarder du chault ;
On est mis à la kyrielle,
Avec le passetemps Michault.
Au surplus deposa tout hault
Qu'elle congnoissoit le mignon,
Et que c'estoit ung beau ribault,
Franc, frais, frasé comme ung oignon
La daguette sur le rongnon
Troussée comme une belle poche,
Fleury comme ung champignon,
Verdelet comme une espinoche ;
Lequel a mis maintz motz en coche,
Et mainte parolle glosée,
Et faict souldre mainte reproche,
Entre la Simple & la Rusée.
Comme il advint l'année passée,
Qu'un banquet là où il estoit.
Après une dance dancée,
Avec la Simple qu'il menoit,
La Rusée l'en despitoit,
Et commença fort à pallir,

Et de faict comme on s'en venoit,
Elle vint la Simple affaillir,
Et luy mift au bec fans faillir
Ung tas de menuës tricdondaines,
Qui la firent bien treffaillir.
L'une dit voz fiévres quartaines,
Et l'autre vous perdez voz peines,
L'une dit va, l'autre dit vien,
L'une dit ung tas de fredaines,
Et l'autre qu'il n'en eftoit rien.
La Simple difoit, il eft mien,
L'autre dit, vous ne l'aurez pas.
L'une difoit je l'entretien,
L'autre je le tiens en mes laz.
Puis fept, puis dix, puis hault, puis bas,
Ung grand ha! ha! ung grant hola.
Toft, tard, je l'auray, non auras.
C'eft toy, mais moy, non a, fi ha,
Ung grant haria quaria.
Ung plet, ung debat, ung procès,
J'ay faict, je feray, on verra,
Je fonce, je dis bruit, je metz.
Je luy viens à gré, je luy plaiz,
Je faitz tout, je faitz dyablerie.
Je fuis plus belle que tu n'es,
Mais moy, par la Vierge Marie.
Brief à ouyr leur refverie,
Comment l'une l'autre guermente,
S'eftoit une droicte faerie,
Comme dit celle depofante:
Laquelle y fut tousjours prefente,
Et s'elle n'euft deffaict la meflée,
Elle croit de vray & fe vante,
Que l'une euft efté affollée.
Car comme elle dit, la Rufée
Ne tafchoit fi non à pigner,

Et de lascher quelque bauffrée,
A mordre ou à esgratigner.
Quant le mignon vit rechiner,
En ce point sans plus enquerir,
De paour qu'on le vint empoigner,
Il fut saige, & luy d'escarrir.
La Rusée se print à marrir
De plus en plus, & se troubler,
Et jura s'elle debvoit mourir
La nuyt qu'elle l'yroit ribler.

S'elle sçet personne assembler,
Sur ce cas par aucun moyen,
Pour soy preparer d'y aller,
La deposante n'en sçet rien.

Examiné s'elle sçet bien
A qui appartient ce mignon
A la Simple, quoy, & combien :
Aultre chose n'en sçet, si non,
Qu'elle croyt mieulx qu'il fust à l'une
Qu'à l'autre, car le compaignon
Y passoit souvent sa fortune.
Mais du surplus de la rancune,
Ne troys, ne deux, ne six, ne sept,
Soit sur quelqu'ung, ou sur quelqu'une,
Elle jure que plus n'en sçet.

### LE TIERS TESMOING.

Et ce dit jour d'ung mesme traict,
Le soir au son d'une flutte,
Fut oüy ce tesmoing de faict :
Qui de tout ce cas nous depute,
Venerable personne & juste,
Maistre Bidault de Cullebutte,
Chappellain d'ammanche faucille,
Grant abbateur de prime lutte,
Chanoine de longue barbutte,
Et Curé de saincte Bazille,

Hofpitallier de mainte fille,
Doyen de pas la belle drille,
Archeprestre d'escaille de noix,
Archediacre de trouffe quille,
En l'Esglife de saincte Cheville;
Sur le pays de Muscannoys,
Aagé d'ans quelque trente trois:
Affermenté de la mellée
Nous declaira à haulte voix,
Qu'il en diroit fa ratellée,
Et fist ferment de plaine entrée,
Qu'il congnoiffoit les perfonnaiges;
Tant la Simple, que la Rufée,
Lefquelles ne font gueres faiges:
Dit plus, qu'il a faict maintz voyages,
Porté lettres puis ça, puis là,
Et faict en amours maintz meffaiges
Dont il a eu les biens qu'il a,
Et que de cest art fe mefla
Jadis tout par tout en maint lieu,
Et a efté duict à cela
Fuft en grec, latin, ou hebrieu;
Et pour ce cas icy a veu,
Servit, & fut très familier
Du Reverend Pere en Dieu
L'Evefque de pince Dadier.
Lequel eftoit trop couftumier
En chambre natée loing de ruë,
En lieu d'aultour, & de lafnier,
De tenir des garces en muë,
C'eftoit tousjours fa revenuë,
Et failloit ung grant gibacier,
Plain de rouelles de leton,
Lequel fon maiftre Faulconnier,
Attachoit au bout d'ung bafton,
Quant les nymphes oyoient le fon,

Tant fussent-ilz vollées loing,
Elles accouroyent de grant randon
Eux rendre à deux coups sur le poing.
Le deposant avoit le soing,
Et à cause de son office,
Pource qu'elle faisoit besoing,
En a eu maint bon benefice.
Or fut la maniere propice,
Dont il est present question.
Interrogué sans aucun vice,
S'il sçet à qui est ce mignon,
Ledit deposant dit que non,
Et qu'il ne sçet à qui il est,
Ne à qui il appartient, sinon,
Au premier qui la main y meet,
Et dit que le Droit le permect.
*Nam in jure reperitur*
*Quod nullus in bonis est,*
*Occupanti conceditur,*
Si ce mignon, *ut dicitur,*
N'appartient à homme vivant,
Il fault dire pour le plus seur,
Qu'il soit au premier occupant :
*Hoc est,* le premier qui le prent,
Sans quelque difficulté ;
Supposé qu'il ne soit pourtant,
*In aliena potestate.*
Mais qu'il ait franche voulenté,
Et franc arbitre en tout usaiges,
Et qu'il puisse yver, & esté,
Courir par buissons & bocages,
Comme font ses bestes sauvaiges.
Et nous dit, *si hoc sit verum*
Qu'il tient des natures, ramages,
*Apum, & Gallinarum,*
*Si auferat conspectum,*

*Quæ pars* : dit le deposant,
*Si non habuerit animum*
*Plus revertendi*, qui s'entend,
Encores au premier occupant,
D'elles la Simple, & la Rusée,
Sur ceste demande formée,
Dit que elle qui ne peult coucher
Avecques luy quelque nuytée,
Pour le faire bien esmouscher,
Devant que l'autre y puist toucher,
Cela selon le Droit s'entend,
Qu'elle doibt estre sans reprocher,
Tenuë la premiere occupant.
Et s'elle avoit peu faire tant,
Que le mignon soir ou matin
La vint veoir ordinairement,
Et luy bailler le picotin;
Et s'il est en quelque advertin
Parquoy il ait laissé cela,
Dit de rechef il est enclin,
D'estre au premier qui le prendra.
Et combien *quod hæc omnia*
*Si sunt jura, & non facta* :
Que en noz Enquestes on n'a
Que faire d'y bouter cecy.
Toutesfois deposa ainsi
Ledict tesmoing & de la sorte,
Par telle forme, & par tel si,
Comme l'escripture le porte,
Du surplus comme il se comporte,
Jure sa foy qu'il n'en sçet rien,
Du tout en tout il s'en rapporte
Aux aultres qui le sçavent bien.

### LE QUART TESMOING.

Et lendemain audict an
Par nous en faisant bonne chere,

La veille de sainct Godegran,
Fut oüye ceste menasgere
Dame de bonté singuliere,
Valentine irreguliere,
Religieuse de Frevaulx,
Abbesse de haulte culiere,
Prieure de longue barriere,
Du Diocese de Bourdeaulx :
Aumousniere de vieulx naveaulx,
Gardianne de vieulx drappeaulx
Le dos esgu comme une hotte,
Chevauchant à quatre chevaulx
Sans estrivieres ne houseaulx,
Et ridée comme une marmote,
Aagée comme une vieille cotte,
Jura sur ung gras chappon cuyt,
Demy saige, & demy bigotte,
Deposa tout ce qui s'ensuit.
Et de prime face nous dit,
Qu'il est vray que l'année passée,
Il y eust ung terrible bruit
Entre la Simple, & la Rusée,
Pour la cause qu' a deposée
Noble Dame hault atournée
Dame Florence l'escornée,
Laquelle a narré tout cela :
Tant que la Rusée se ravisa :
Et pour ce mignon accabler,
Une nuytée delibera,
Qu'elle mesme l'iroit ribler.
Et fist des filles assembler
Environ quarante ou cinquante,
De faict les pria d'y aller,
Avecques celle deposante.
Laquelle y fut tousjours presente,
Avecques d'aultres ung grand tas,

C'est assavoir Margot la gente,
Jaqueline de carpentras,
Olive de gaste fatras,
Hugueline de cote crotée,
Marion de traine poetras,
Et Julienne l'esgarée,
Cristine la découlourée,
Egyptienne la pompeuse,
Augustine la mauparée,
Bertheline la rioteuse,
Sansonnette lourde grimarré,
Henriette la marmiteuse,
Guillemette porte cuyrasse,
Ragonde michelon beccasse,
Regnaudine la rondelette,
Laurence la grant chiche face,
Demourant à la pourcellette,
Jacquette la blanche fleurette,
Tiennon la cousine Yolant,
Edeline pisse collette
Maistresse de la truye volant,
Freminette de mal tallent,
Geffine petit fretillon,
Raulequine de l'esquillon,
Josseline de becquillon,
Et Dame Bietrix demourant
En la rüe du Carrillon,
A l'ymage du Cormorant,
Toutes filles d'ung pere grant,
Lesquelles de faict apensée,
Ayant leurs oliviers courant,
Acompaignerent la Rusée;
Et vindrent avec le deposant,
Contrefaisant la grosse armée,
Affin d'avoir ceste despouille,
Dont chascun avoit son espée,

Ou

Ou à tout le moins ſa quenouille,
L'une crie, & l'aultre fatrouille,
L'une avoit ung eſcouvillon
De four, l'une l'aultre brouille,
Et l'autre portoit ung pillon,
Et vindrent toutes ſe dit l'on,
A la Simple par bonne ſorte,
En criant, ſe nous la trouvons,
On peult bien dire qu'elle eſt morte.
Et de faict par puiſſance forte,
A tout ung gros chevron de boys,
Vous vindrent accabler la porte,
Et fraper des coups plus de troys;
Mais de leur malheur toutesfoys,
Elles ouyrent quelq'ung venir,
Qui d'une veſſie plaine de poys,
Les en fiſt toutes enfouyr.
Et de vuider & de courir,
Et la Ruſée toute premiere :
Bref, on les fiſt bien eſcarrir
Que ame ne demoura derriere,
Sinon une vieille tripiere
Qui avoit une jambe enflée,
Laquelle couroit la derniere,
Après toute ceſte aſſemblée.
L'une crioit, je ſuis bleſſée,
L'autre j'ay laiſſé ma maſſuë,
Et l'autre je ſuis affolée,
Helas ! m'amye je ſuis perduë,
Et vous couroyent parmy la ruë,
Gettant ung ſi terrible cry,
Tant que la Ville en fuſt eſmeuë,
Et le commun tout esbahy.

   Examiné après cecy,
Se quelq'une fut point fourbie,
Reſpond & jure que nenny,

Qui n'y euſt aultre baterie,
Mais ſe n'euſt eſté la veſſie,
Qui en ce point eſpouventa,
Il y euſt eu grande tuérie,
Avant qu'on fuſt party de là.
    Examiné cahy, caha,
A qui appartient ce mignon,
Diſt qu'elle ne ſçet riens de cela,
Mais ſelon bon droit & raiſon,
Se quelque bourgeoiſe a le nom
D'avoir amy, ſe une aultre femme
L'uſurpe par ambition
Elle eſt reputée pour infame.
Toute envie, & toute diffame,
Tout mal, toute ſedition :
Toute malle voulenté, tout blaſme,
S'engendre par corruption.
Auſſi comme elle dit, voit-on
Des plus ſuccrées, & plus parées,
Par faulce ſubornation,
Bien piteuſement deſolées,
Et les plus eſmerillonnées
Ont entre elles inimitié,
Et font de maulvaiſes trainées,
Dont c'eſt une grande pitié,
Et dit que ſelon l'equité,
Celle là qui eſt trouvée telle,
Doibt eſtre pour ſa mauvaiſtié
Punie de peine corporelle.
Du demourant de la querelle
Examinée, reſpond & dit
Qu'elle n'en ſçet aultre nouvelle,
A tout le moins touchant ce bruit.
    LE QUINT TESMOING:
    Et ce dit jour heure de nuyt,
Sans tenir Digeſte ne Code,

Fut oüy cestuy qui s'ensuit,
Par nous derriere une custode,
Godeffroy d'Arrachasse brode,
Escuyer à la vieille mode,
Homme d'arme par toutes voyes,
Aagé comme une vieille gode,
Fort & puissant comme ung Herode
Pour esgosiller grosses oyes,
Grant general de morte payes,
Tenant à ferme vieilles brayes,
Residant au hault & au loing,
Concierge de buissons & de hayes,
Et maistres des faulces monnoyes,
Qui sont forgées à double coing.
Produit & oüy pour tesmoing,
Cessant toute suspition,
Jure comme il estoit besoing,
Nous dit sa deposition.
Et premierement, qu'environ,
Dix ans a, ledict deposant
Congneut la Simple, & le mignon,
Et la Rusée semblablement,
Et jamais ne fut si enfant,
Qu'il n'ouyst racompter tousjours
Que la Rusée principallement,
Se mesloit d'aymer par amours,
Et qu'elle sçavoit tant de tours,
Tant de ruses, tant de blason,
Qu'elle entretenoit les plus gourdz,
Et leur faisoit bien leur raison.
   Examiné si ce mignon,
Est à la Simple, & se ainsi est,
Qu'il nous declaire assavoir mon,
S'il vient de propre ou de conquest,
S'il vient de naissance ou d'acquest,
S'il vient d'apport ou de doüaire,

H ij

Comme elle l'a eu, & que c'est;
Et que tout ce cas nous declaire,
Respond qu'il y a grand mystere,
Et que la Rusée ce dit-on,
Avoit jadis une commere
Appellée la grant Alison,
Laquelle tenoit ce mignon,
Et l'entretint longtemps, & l'eust
Comme on dit par succession,
De sa feu tante qui mourust,
De laquelle tante elle fust
Heritiere, comme est notoire,
Et comme depuis on congneust,
Par benefice d'inventoire,
Et tous les biens mis par memoire,
*Deducto alieno jure.*
On treuve que de reste encoire,
Ce mignon luy est demouré,
Et qu'elle l'a longtemps aymé,
Et faict maintes bonnes chosettes,
Entretenu, bavé, gallé,
Avec plusieurs œuvres secrettes,
Et en faisant ces besongnettes,
Ainsi qu'on ne se doubte pas.
Après toutes aultres sornettes,
Elle alla de vie à trepas
Sans hoirs, heritiers, ou parens;
Entre lesquelz ce gorgias
Demoura tout seul, sur les rens:
Et fut doncques par ces moyens,
Sans y mettre aulcuns contreditz,
Comme les autres biens vacans,
*In bonis hæreditatis,*
Et pourtant *non dubitetis,*
*Quod quæcunque acquirebat,*
*Ante adventum hæredis,*

*Hereditati quærebat,*
*Et sic illud concernebat*
*Hæredes post ea factos.*
Au fort laissons tout ce debat,
Et venons à nostre propos.
Ledict deposant en brefz motz
Nous dit que le Roy succeda
A ses biens vacans tout en gros,
Et ledict mignon posseda.
Toutesfoys depuis il laissa
Toute ceste succession
A Tanneguy de Baillera.
Qui estoit son grant eschansson.
Peu de temps après le mignon
Impetra d'iceluy Seigneur
Lettres de manumission,
Soubz umbre de quelque couleur,
Qu'il estoit ung bon serviteur :
Et fut par bien joüer du plat,
Par ses lettres & leur teneur
Remis en son premier estat,
Et estoyent les lettres d'ung dat
Dattées en formes d'escroüe,
Escript dessus ung grant *fiat*,
Signé maistre Jehan Tortemoüe,
Present Olivier Patte-d'oüe,
Yvonnet d'Empoigne-clicaille,
Maistre Hervé de Crocque-poüe,
Secretaire de basse taille ;
Et lesdictes lettres sans faille,
Bien & deuëment interinées
Par Monseigneur Vaille-que-vaille,
Juge de grasses matinées.
Or laissons toutes ces trainées.
　Examiné après, comment
La Simple par quelz destinées,

Peult avoir le gouvernement
Du mignon : depose briefvement,
Que après qu'il fust à devis,
Comme dit a esté devant,
Il alla gaudir à Paris,
Et hanta tous legiers espritz,
Gorgias, enfans de plaisance,
Et eut par telz charivariz
De la Simple grant congnoissance ;
Or par vertu de l'acointance
Et de sa gorgiaseté,
Une secrette intelligence,
Les mist en grande privaulté.
Depuis par amours ont hanté
Souvent l'ung l'autre, ilz se trouverent
Eux deux à une voulenté :
Vela comment ilz s'entraymerent.
Et tousjours si bien s'accorderent
Sans courousser, ne rechiner,
Que je cuyde qu'ilz besongnerent
Ainsi qu'il failloit besongner.
Et ce mignon pour abreger,
Pour la remuneration
Des biens faitz, se veult obliger,
Et mettre en la subjection
De ceste Simple, ce dit-on,
Et depuis fut abandonné
A elle ainsi faict *pactum.*
*Vestium traditione* ;
*Item usurpatione,*
Elle en acquist la seigneurie :
Car elle en a joüy & usé
Dudict mignon toute sa vie.
Au regard de la baterie,
Et aussi sur les aultres pointz,
Depose de la broüillerie

Comme on faict les autres tefmoingz ,
Et ce dict tout ne plus ne moins ,
Et ce mefme jour fur la brune.
## LE SIXIESME TESMOING.
Fut oüy fans aller plus loing
Quelq'un qui nous en bailla d'une ,
Maiftre Mathieu de Hoche-prune ,
Recepveur de riffle pecune ,
Reformateur de tous coquus ,
Grant coufin de Happe la lune ,
Efpicier de dragée commune ,
Et marchant de moules à culz ,
Seelleur de harnoys efmoulus ,
Greffier fur le faict des efleuz ,
Efcripvant en lettre de forme ,
Patron des enfans diffolus ,
Notaire en parchemin de corne ,
Et grant Advocat deffoubz l'orme ,
Juré fans reigle ne fans norme ,
Aagé de je ne fçay combien ,
Interrogué fans fe qu'il dorme ,
Nous ont dit tout le *tu autem.*

Et tout premierement , que l'an
Mil quatre cens foixante & dix ,
La propre veille de faint Jehan ,
En la fepmaine à deux jeudis ,
Par fes parolles & fes dictz ,
Dont n'eft ja befoing de foy taire ,
Avecques d'aultres eftourdiz ,
Il fut faict & créé Notaire ,
Au Balliage de Pauquaire ,
Prefent maiftre Lucas Pillette ,
Auffi Monfieur le Commiffaire
Maiftre Artus de Tourne-molette ,
Meffire Dreux Barbe-follette ,
Maiftre Adam de Tire-lambeaux ,

Maiſtre Gringenault Chevillete
Grant Conſeiller des Generaulx ,
Maiſtre Ponce Arrache-boyaulx.
Maiſtre Gratien Taſte-miſtre ,
Audiencier de faitz nouveaulx ,
Et contrerolleur de beliſtre ,
Maiſtre Marpault de Chante-epiſtre ,
Maiſtre Florentin Teſte-molle ,
Crachant tousjours loy ou chapiſtre ,
Et reſolus comme Bertholle ,
Clercz quant ilz ont leur portecolle ,
Racheteur de rentes fonduës ,
Et touchant l'eſtat de l'eſcolle ,
Advocat de cauſes perduës ,
Ce depoſant en plaines ruës ,
Fut faiĉt Notaire , & par excez ,
Paſſa des lettres bien cornuës ,
Comme vous orrés cy après ,
Et eut en ceſte office accez ,
Et en fut veſtu & ſaiſy ,
Par le treſpas , & le decez
De feu Michelet Mauchoiſy ,
Lequel pour paſſer ung *niſi* ,
Et faire une monition ,
En vieil parchemin tout moiſy ,
Eſtoit ung ouvrier de renom.
  Or dit après que le mignon
Et la Simple vindrent à luy ,
Pour paſſer l'obligation ,
Sur le faiĉt de ce diĉt amy ,
Et brief , qu'il la paſſa ainſi ,
Et y avoyt , ſe luy ſembloit ,
Que le diĉt mignon par tel ſy ,
A ceſte Simple s'obligeoit ,
Et en ſes mains luy promettoit ,
Par ſes mains corporellement ,

Sur ce données qu'il ferviroit
Ladicte Simple complaignant ,
Et luy prefteroit franchement
Son corps s'elle en avoit affaire ;
De bon gré vouluntairement ,
Sans jamais venir au contraire,
Sans emanciper ou retraire
Ailleurs , fans faire en luy nuyfant
Chofe qui luy doibve defplaire,
Mais tousjours luy feroit duifant.
Et en l'accollant , & baifant ,
Feroit fes operations ,
Et renonça en ce faifant
A toutes faulces actions ,
Tromperies , exceptions,
Refpis , lettres , & inftrumens ,
Quinquenelles , dilations ,
Privileges , & aultrement :
Et à tout generallement ,
Contraire à cefte paction ,
Mefmement au Droit reprouvant ,
Toute renonciation.
Et par fa depofition
Dift ledict tefmoing qu'il paffa
Avec cefte obligation ,
Et que le mignon confeffa ,
Et encores ratiffia,
Tout ce qui avoit efté faict.
Et vela comment il s'en va,
Et dit qu'autre chofe n'en fçet.
Oultre examiné en fecret
Touchant les abus infinis
De la Rufée ; refpond de faict
Comme les temoings deffufdictz
Les ditz defquelz icy reduictz
Avons , en toute diligence ,

Bien examinez & exquis ,
Tout ſelon Dieu , & conſcience :
Et leſdictz teſmoings ſans doubtance ,
Produis par la demandereſſe ,
Jurés & oüys en l'abſence
De ladicte deſfendereſſe ,
Et en beſongnant ſans pareſſe ,
Par nous ceſte preſente année ,
La Feſte de noſtre Parroiſſe ,
A eſté l'Enqueſte achevée ,
Signée Geffroy Chaſſe-marée ,
Regnault Prent-tout , Macé Maudit ,
Commiſſaires d'après diſnée ,
Comme deſſus a eſté dict.

*Cy finit l'Enqueſte d'entre la Simple & la Ruſée.*

# CY

# COMMENCE
## LE BLASON
## DES ARMES
### ET
# DES DAMES.

OR est le temps passé, passé,
Le bien pourchassé, pourchassé,
Et ce qu'on a trouvé, venu,
C'est grant chose d'avoir pensé
Mais plus d'avoir contrepensé,
Encores plus d'avoir retenu.
J'ay sçeu, veu, leu, aprins, congneu,
Noté, entendu, souvenu,
Epilogué mille traficques,
Mais peu, quoy ? qu'est tout devenu ?
Bien assailly, bien soustenu,
Tout n'en a pas vallu troy nicques.
J'ay mis en jeux, & en praticques,
Mille couleurs de rhetoricques,
Mille motz, mille dictz d'ouvriers,
Mille parolles sophistiques,
Pour estre couché en cronicques.
Ou nombre des adventuriers,

J'ay mis chevaulx, & levriers,
Heraulx, eschansons, escuyers,
Gens druz à tout habandonnez,
Le nom de noz aultres gorriers
Est escript aux huys par fourriers,
Mon nom l'honneste fortuné
Souvent gourd, & bien guerdonné,
Souvent tout mal assaisonné,
Souvent entoüillé par meslure.
Souvent recreu, fasché, tanné,
Lasche comme ung cheval estonné,
A qui fault une emmieuslure,
Train court, amour telle embouclure
M'ont engendré mainte affistolure,
Et faict faire maintes moëttes.
Car pour repos, j'ay eu foulure,
Pour le beau temps, j'ay eu greslure,
Pour provision des sonnettes,
En lieu de faisans, alouëttes,
Pour chariotz branslans, brouettes,
D'entretien mal utensile,
Brief quoy que Dames soyent flouettes,
Autant vault chasser aux suettes,
On ne les prent pas au fillé,
Qui n'est rusé, duyt, ou stillé,
Ja n'y proffitera à foison:
Car pour moy c'est mal compilé,
Mal entendu & mal filé
De prendre fuseau sans peson.
D'amours ce n'est que trahyson,
De court poac, ce n'est que blason,
De train d'estat ce n'est que ennuy,
J'ay frequenté mainte maison,
Où j'ay perdu temps & saison,
Posé que j'eusse bon appuy.
Au fort j'ay hanté & suivy,

L'honneste fortuné je suis.
Tousjours honnesteté m'a pris,
Se j'ay trop longuement servy
Sans avoir eu grant *audivit*,
C'est fortune qui me surprist,
Si ay je noté & escript,
En mon sens, & en mon escript,
Les deduytz, plaisances & jeux,
Des grans Seigneurs, le choix & bruyt,
Le passetemps, & le deduyt,
L'effect, & le prouffit d'iceulx.
A Princes jeunes & joyeulx
Il y a des passetemps deux :
Qui les peuvent tourner & mouvoir,
L'ung les rend doulx, begnins, piteux,
L'autre les rend vaillans & preux,
Puissans de povoir & d'avoir.
Et affin de faire debvoir,
Se vous desirez le sçavoir,
Ce sont les Armes & les Dames,
En ce parc vous en povez veoir
Les signes, & appercevoir
Les demonstrations & les games,
Là sont les Armes, là les Dames,
L'une se plaint, & l'autre rit :
L'une s'y donne à l'autre blasme
Pour avoir ou temps qui court bruyt.
  Le Procureur des Dames dit
Qu'en cest aage qui est doré,
Ung Prince doibt prendre deduyt
A estre des Armes paré,
Cest autre, qui est separé
Pour les Dames, dit le contraire,
Qu'ung chascun s'il n'est esgaré
Doibt tascher aux Dames complaire ;
Armes & Dames chascun veult plaire,

Ce font deux paffetemps mondains,
Qui fe debatent pour bruyt faire
Aujourd'huy entre les humains.

## DES ARMES.

Quoy, dient les Armes, je me plains,
Se je n'ay le bruit par deffus
Les Dames, car j'en ay faict maintz
Petis, & de bas lieux yffus,
Monter, eflever, mettre fus
De terre, ou de fons d'ung celier :
Je les rens grobis & mouffus,
Tout au fin fefte d'ung folier.
Fay-je pas ung fimple efcuyer,
S'il fçet bien les armes conduyre,
Tout incontinent chevallier,
Que chafcun l'appelle meffire.
Se ung grant Prince fe veult aduyre,
Qu'il foit tant foit peu courageux,
Je luy faitz tous fes faitz defcripre,
Et mettre du nombre des preux ;
S'il eft hardy chevaleureux,
Et euft-il petite puiffance,
Je l'eflieve jufques aux cieulx,
Tout vient à fon obeiffance.
Voulez vous plus belle plaifance
Qu'en ung deftroit en une guerre,
Voufter, joufter, rompre la lance,
Et mettre ung homme cul par terre ?
En ung champs, en une defferre
Monter fur ung genet d'Efpaigne,
Pour loz avoir, & bruyt conquerre,
Là combatre Flandre ou Alemaigne,
Porter l'eftendart ou l'enfeigne,
Soupple comme ung bel eftourjon,
Et bondir en plaine champaigne,
Comme les os d'ung eftourjon.

Mes moynes portent haulberjon
En leur grant meſſe en lieu de froc,
Leur cloiſtre, c'eſt quelque donjon
De pierre, juché ſur ung roch;
Tirer, luiter, jouſter au crocq,
Sont les cerimonnies & ſignes,
Ung coup d'eſpée taille ou d'eſtoc,
C'eſt la beneiſſon des matines.
Leurs orgues ſe ſont ſerpentines,
Qui s'en vont vif comme le vent,
Les gros boulletz à coulevrines,
Ce ſont les miches du couvent,
Le grant Prieur de Paſſe-avant,
Et l'Abbé d'Eſchappe qui peult
Les viennent viſiter ſouvent:
Mais il ne les a pas qui veult.
Pour ung qui ſe plaint, ou qui deult,
Vingt en y a s'ilz ſont mandez
Que jamais on ne les deſmeult,
Puis qu'ilz y ſont affriandez;
Ces archiers ont leurs arcz bendez,
Et ces mortepayes leurs picques,
Gaſcons trappés & bien fondez
Joüent là leurs nouvelles praticques,
Les Eſcoſſoys font les replicques,
Pragoys & Bretons bretonnans,
Les Suyſſes dancent leurs moriſques
Atout leurs tabourins ſonnans,
Holandroys, Brebançons, Flamans,
Ilz tiennent ung cruel chappitre,
Hongres, Florentins, Allemans,
Ilz y trouve ſans eſcheliſtres.
Qui veult eſtre ourdy ſans tiltre,
Et ſçavoir que c'eſt de ſoupirs,
Y voiſe, car pour tout epiſtre,
On n'y chante que des martirs,

Mais quoy à gens de loisirs,
Gens haulx , de vertueulx couraiges,
Ce sont passetemps & plaisirs,
Quant ilz y sont bien caulx & saiges,
Cent mil combatans sans les paiges,
En une course , en ung assault,
Saillir de buyssons & bocaiges,
Et se rencontrer sur ung hault,
En moins que n'aurez faict ung sault,
On crye haro , qui vive , tuë,
Alarme , au guet , rens toy ribault,
Torche , lorgne , depesche , ruë
Frappe , combat , taille , remuë,
En point , avant , tost au montoir,
Bref c'est ung port quant on y bue,
On n'y entend que le batoir.
Se ung Prince qui a hault vouloir,
S'exercite ung peu à la peine,
Si mest repos en nonchaloir.
Aussi que ung vaillant Capitaine,
Toute sa plaisance mondaine,
Ce sont haches , lances , gros boys,
Le heurt , la rencontre soubdaine,
Chevaulx , cliquetiz de harnoys,
Bardes , genetz , grans palefroys,
Vouges , sallades , mentonnieres,
L'estandart à la blanche croix,
Trompettes , clerons , & bannieres,
Souffres , salepestres , & poussieres,
Bastons bescuz comme bistardes,
Guet & garnison sur frontieres,
Pour festoyer les avantgardes,
On reschauffe au son des bombardes,
Povres couardz , lasches & vieulx,
Car fort verjus , aspres moustardes,
C'est ce qu'il fault à rouges yeulx.

Armes

Armes font croiftre cueurs joyeulx,
Et multiplier en lyeffe.
Aux robuftes & vertueux,
Augmentant force & hardieffe,
Aux magnanimes la proeffe,
Aux confederez l'aliance,
A courages haulx gentileffe,
A gens refolus affeurance,
Aux conftans la perfeverance,
Aux larges liberalité,
Aux rudes prompte intelligence,
Engin cler, & fubtillité.
Aucun exhibe activeté,
Par invincibles argumens.
Aultres monftrent l'agilité
De leurs corps par experiens,
Sans accolées ne blandimens.
On paffe par *hic* ou par *hec*,
Sans courratiers ne truchemens,
On fe rencontre bec à bec.
Qui s'endort au fon du rebec
En la flotte il n'eft pas faige:
Car de tous boys & verd, & fec,
Le plus fouvent on faict paiffaige,
S'on fçet par heraulx ou meffage,
La puiffance des ennemys.
Ung chief de guerre de couraige,
Prefche fon oft, fus mes amys
Enfans ne foyez endormys,
Frappons dedans, il eft notoire
Que en nombre des gens, ne d'avoire,
Ne gift pas tousjours la victoire.
Et là leur reduit en memoire,
Les geftes des très Chreftiens Roys,
Qui par armes ont donné gloire,
Au noble Royaulme Françoys.

I

Ne passa pas plusieurs destroitz
Le Roy Philippe le conquerant,
Qui combatit troys Roys Angloys,
Et aussi le Conte Ferrant,
Oton Empereur chassa errant,
Subjugua Poitou, & Touraine,
Et conquist en ce differant
Anjou, Normandie & le Maine.
Le très glorieux Charlemaigne,
Qui par armes, & par bon moyen
Vainquit la nation Rommaine,
Lombars, le peuple Italien,
Et remist le Pape Adrian
Tout paisible en sa Papaulté;
Roy n'y eust Chrestien ne Payen,
Dont il ne fust craint & doubté.
Charles le Chauve a pas esté
Celluy qui conquist les Normands?
Charles le Simple a conquesté
Les Angloys & les adherans.
Infinys Princes terriens,
Aux Armes se sont adonnez,
Lesquelz ont eu de très grans biens,
Et ont esté bien fortunez.
Aultres se sont determinez
Aux Dames, lesquelz ont eu nom
D'estre lasches effeminez,
Sans bruyt, sans acquerir renom.
Semble doncques pour conclusion,
Que ung grant Prince de son office,
Doibt prendre recreation
Aux Armes, & à l'exercice,
Que tel passetemps est propice,
A son hault & bruyant maintien,
Et qu'il y doibt, quoy qu'on obice
Soy adonner sur toute rien.

## DES DAMES.

Les Dames, par aultre moyen,
Dient que ung Prince aymant honneur,
Tant soit noble ou grant terrien,
Doibt aux Dames mettre son cueur;
La raison, car toute doulceur
Y gist, toute benignité :
Et aux Armes toute rigueur,
Tout desroy, toute austerité.
Dames font croistre honnesteté,
Dames font les cueurs resjouyr,
Dames font aymer loyaulté,
Dames font cruaulté fouyr
Veiller, oreiller, taire, oüyr.
Estre prompt, prest, prudent, & saige,
Cela faict des Dames joüyr
Ung noble & vertueulx couraige.
Quoy, dient les Dames, mon langaige
Seullement, mon doulx entretien,
Vault mieulx que des Armes l'oultraige,
Qui pille & ne supporte rien.
Par mon hault & bruyant maintien,
Par bon & gracieulx accüeil,
J'ay mes mignons en mon lien,
Qui ne quierent que mon receüil.
J'oste à mes ennemys l'orgueil,
Et se rendent sans coup ferir,
Par ung ris de la queuë de l'œil
Qui les maine jusques au mourir.
Je faictz mes gorgias courir,
Dancer, bondir, tourner, virer,
Trasser, fureter, enquerir,
Fringuer, pomper, chanter, saulter,
Puis rire, puis tost souspirer,
Puis resolus, puis variables,
Puis amender, puis empirer,

Puis incongneuz , puis agreables.
Prebstres , Nonnains , gens recepvables ;
S'aux Dames mettent leur deduyt ,
Posé qu'ilz ayent diverses tables ,
Je ne leur faictz faire qu'ung lict.
Il est doncques heureux qui eslit
Mes jeulx , & mes esbatemens ;
Ma guerre par moy se conduyt ,
Sans picques , ne sans ferremens.
Menuës pensées , marmousemens ,
Songer creux , muser à part soy ,
C'est le traict & les instrumens ,
Dont on sert quant vient ung effroy.
J'ay mignons prestz autour de moy ,
Avitaillés pour le hutin.
Soubz umbre d'ung tenez-vous quoy ,
Embler ung coup c'est le hutin.
La haulte piece c'est ung tetin
Dur , joinct , joly selon le cas ,
Armures , pourpoint de satin ,
Ou quelque corset de damas ,
Les salades des gorgias ,
Cheveulx longs , perruques de pris ,
Pour harnoys des jambes d'embas ,
Quelque cul troussé de Paris.
Mes grandes masses , se sont ris ,
Yeulx affectez sont mes heraulx ,
Portans pour doubte d'estre pris ,
Bastons à feu roydes & chaulx.
J'ay souldars & jeunes vassaulx ,
En tous Royaulmes transmarins ;
Mes trompes qui crient mes assaulx ,
Sont fleustes , rebecs , tabourins ,
Mes soulfres ce sont romarins ,
Girofliers , lavandes , muguetz ,
Pour emprisonner bustarins ,

Qui viennent muſer aux bancqueſtz.
Mes rançons, ſe ſont afficquetz,
Qu'on prend ſur pouvres eſgarez,
Mes jouſtes ſe font en parquetz
D'herbe vert', ou en litz parez.
Telz ſont mes inſtrumens ferrez,
Telle eſt ma bataille oultrageuſe,
Telz ſont mes engins preparez,
Quant je faictz guerre rigoreuſe.
    Dames de penſée amoureuſe,
Font faire mille ſingeries,
Aux marrys chere marmiteuſe,
Aux fringans mille fringueries,
Aux fins eſpritz les joncheries,
Les ruſes, les termes nouveaulx,
Aux lourds les grandes facheries,
Dont on dit, ce ne ſont que veaulx.
Muſſer ſoubz tonnes, ſoubz cuveaulx,
Grimper pignons & feneſtrages,
Soupples comme queuës de naveaulx,
Et mornes comme gens ſaulvaiges,
Eſt-il plus gracieux ouvrages,
Ne paſſe-temps plus magnificques,
Que veoir ces plaiſantes ymages,
Ces pourtraictures deificques,
Si cointes, ſi polies, ſi friſques,
Si plaines de doulces amours,
Si propres pour trouver replicques,
Si promptes pour donner ſecours,
Si humaines à gens de Cours,
Si uſitées de leur babil,
Si duictes pour trouver des tours,
Si accouſtumées à l'ouſtil,
Si ſoubdaines quant vient que s'il,
Et qu'on rencontre gens dehaict,
S'on touche la pierre au fuſil

Il n'y fault qu'ung mot que c'est faict?
Il n'est au monde tel souhait,
Tel heur, tel passe-temps, tel bruit;
Car jamais homme n'est parfaict,
Si n'a frequenté ce deduit.
On rit, on raille, on sorne, on dit,
On escoute, on preste l'oreille,
On se degoyse, on s'esgaudit,
On se resjoüit, on se resveille,
On va, on cherche, on se travaille,
On fume, on aporte à Gaultier,
On songe & pense & on s'esveille,
On glose sur le gros psaultier.
Deux frequentent en ung Monstier,
Dont l'un y pert, l'aultre y proffite,
L'ung sert de sel au benoistier,
L'aultre hume de l'eaue benoiste.
Dames ont prudence, conduite,
Soing, sens, sçavoir, langaiges ferme:
Mais quoy, s'on leur offre la luicte,
Elles n'ont pas tousjours le pied ferme.
Au fort se par force de charme
On tombe, on glisse, on chet, on chope;
Quant on a pleuré demy larme,
C'est faict, il n'y pert à l'eschope;
Une parenteze ou sincope
Fait venir l'heur ou le malheur,
Le malheureux est qui s'y coppe,
Et quiert escumer sans chaleur.
L'aultre qui paint & a coulleur,
Et ferme de discretion,
Au monde n'est point de tel eur,
Il a toute provision.
Dames ont jurisdiction,
Assise, Conseil, Court ouverte,
Là où mainte appellation

Souvent eſt declairée deſerte.
Les Conſeillers ont cotte verte,
A qui on baille les placetz,
Huiſſiers ont la teſte couverte
De chappeaulx de fleurs de houſſetz ;
Greſſiers diſtribuent les procès,
Les regiſtres memoriaulx,
Advocatz plaident les excès,
Et alleguent les Droitz nouveaulx ;
Dames viſitent les linceaulx
En chambre ou en quelque tournelle ;
Aux huis i finiz fringuereaulx,
Chaſcun ſouſtenant ſa querelle.
Telle ayme ung tel, tel une telle,
Tel a promis, telle ſe plaint,
Tel fringue à la mode nouvelle,
Tel eſt ruſé, telle ſe faint,
Tel ou telle en eſt le mieulx ſaint,
Tel & telz braſſent telz ouvrages,
Tel eſt menaſſé, tel eſt craint,
Tel & telz ſement telz langaiges,
Telz ſont farouches & ſauvages,
Tel eſt riche, tel ſe marie,
Et tel doibt ung tas d'arrerages
Du temps de la Royne Marie.
En ceſte Court & playdoyerie,
Tousjours ſurvient ung cas nouveau,
Et n'eſt pour grande ſeigneurie,
Car on met en jeu ſon plus beau.
Homme n'eſt exempt du ſçeau,
Chaſcun y faict la maille bonne,
Auſſi on hume à grant monceau
L'honneur, comme raiſon l'ordonne.
Prince qui aux Dames s'adonne,
Souvent eſt doulx & gratieux,
A grace doulceur s'abandonne,

Est begnin, courtois, & piteux,
Large, debonnaire, joyeulx,
A conseil conduicte, & police,
Son peuple soubz luy est heureux,
Car il garde à chascun justice.
Qui s'adonnent aux Armes, tout vice,
Desroy, toute sedition,
Cruaulté, & toute avarice,
Y gist & toute ambition.
Semble donc par conclusion,
Qu'aux Dames est bon s'adonner,
Prendre la recreation,
Et les Armes abandonner;
Qu'ung jeune Prince, pour regner,
Et bien passer ses jeunes ans,
Pour en plaisance dominer,
Doibt eslire ce passe-temps.

## CONCLUSION.

Divers pointz, divers argumens,
Divers effectz & qualité,
Diverses façons & moyens,
Nous mettent en perplexité,
Aux deux gist contrarieté
Qu'à peine peult-on decider,
Aux deux gist ambiguité,
Assez difficille à vuider.
Reste doncques à regarder,
Des Armes, des Dames aussi,
Se leurs faictz peuvent concorder,
Et lequel doibt estre choisy.
L'ung veult ainsi, & l'aultre ainsi,
L'ung veult telle operation,
L'ung veult joye, & l'autre soucy,
Aux deux a diverse action.
Sçavoir s'on pouroit selon raison,
Veu d'ung & d'aultre les effectz,

Dire que l'ung & l'aultre est bon ,
Ou que l'ung & l'aultre est maulvais,
Pour decider ces pointz je metz
En jeu le dit de l'Empereur,
Qu'*utrumque tempus* deformais
Dit avoir bruit force , & vigueur;
Ce que ung Prince ou ung grant Seigneur,
Peult mettre tant soit noble ou preux
Aux Armes , aux Dames son cueur ,
Et bien exercer tous les deux.
Aux Dames pour estre piteux ,
Et de complexion benigne ,
Doulx , traictable , courtoys , joyeulx ,
Selon la façon feminine.
Aux Armes , pource qu'il domine
Sur son pays & region ,
Il est bon qu'aux armes s'encline,
Pourquoy ? pour sa tuition.
Et pourtant la conclusion
Est telle , de tous ces argus ,
Qu'ung Prince de noble renom
Doibt sçavoir *utrumque tempus.*
 L'ung & l'aultre temps sans abus,
Avoir le costé dextre armé :
Le senestre & tout le surplus ,
Aux Dames doibt estre donné.
 Sire , par vous soit pardonné
Au rude engin , & simple sens
Du povre honneste fortuné,
Qui a leu les deux passe-temps.

*Fin du debat des Dames , & des Armes.*

# CY
# COMMENCE
## LE MONOLOGUE
### DE
## LA BOTTE
### DE FOING.

 OUS semble-il point que pour dan-
cer,
Fluſter, ou pour parolles faintes,
Pigner, mirer, ou s'agencer,
Ung homme ſe peult advancer
A parvenir à ſes attainctes ?
    Vous ſemble-il que pour mignotis,
Aubades, virades, & tours,
Entre nous mignons fringantis,
Plaiſans, gorgias, & fainctifz,
Puiſſions jouyr de noz amours ?
    Eſt-il poſſible pour ſervir,
Reveille matin, ou aubade,
La grace s'amye deſſervir ?
Sequin ſequet ſans mal ſentir,
S'eſbatre pour une paſſade,
    Eſt-il poſſible d'avoir bruyt,
Pour bagues, gorgiaſetez,

Bailler aux Dames le deduyt
Ferme comme ung fanglier en ruyt
A faire les joyeufetez ?
  De francz courages & voulentez,
Soyez enclins & appreftez,
Franc pour dire qui eft ceans,
Bavés, gallez, raillez, faillez,
Et puis on dira, telz & telz
Ont grant accointance leans.
Danceurs, mignons, fringans, & gentz,
Chaffeurs, volleurs, tous telles gens.
Ung fonge, ung bruyt, ung angelot,
Vous femble-il que ce ne foit riens,
Ha ! par le corps bieu je m'en tiens,
De ceulx-là, mais n'en dictes mot.
Je fuis tousjours gent & mignot,
Sus mon cheval qui va le trot,
Pour faire le fault cop à cop,
Je faictz-moy cela à tous cop,
C'eft ce qui me faict eftre en grace,
Ung fin mignon, ung dorelot,
Arriere fatin, camelot,
Puis que le veloux vient en place.
Pluftoft paffe, pluftoft rapaffe,
Voulentiers je deiffe fe j'ofaffe,
Mais qu'on fe tinft de cacqueter ;
Quant je la voy, car je parlaffe,
Mais par le corps bieu je m'en laffe,
Car el' ne me veult efcouter.
Avez vous point veu cy entrer,
N'agueres une godinette,
Qui vient rire, esbatre, dancer ?
C'eft une petite noyrette,
Non pas noyrette, mais brunette,
Une mignonne tant fadine,
Une robe d'ung gris bien faicte,

D'ung fin gris changeant, bonne mine.
La belle piece à la poictrine
Tissu cramoysi, large à la bondine,
Et du hault jusque au bondon,
Elle est aussi droicte que ung jon.
Pardonnez moy, elle n'y est don,
Je cuydoye qu'elle fust ceans,
Il y a je ne sçay quantz ans
Qu'ilz furent mariez ensemble
Elle & Monsieur : mais il luy semble
Estre tout pesant, tout remis;
Il vous a les yeulx endormis,
Rouges, & le corps tant maussade,
Penchant devant, la couleur fade,
Les jambes aussi menuettes
Comme fuseaulx, les joües retraictes,
Il est si tendre & si flouet,
Qu'il semble à le veoir bien souvent,
Qu'il eust besoing d'ung coup de fouet
Pour le faire tirer avant.
Il va tousjours traine gainant
Sur son cheval emmy les ruës,
Tout en songeant, le bec au vent,
Sçavoir s'il verroit nulles gruës.
Unes jambes tant mal fonduës,
Grant chapperon, & large cotte,
Les espaulles aussi boussuës,
Qu'il semble droictes moules à hoste.
Et si a la mine si sotte,
Que quant il parle, qui vouldroit
Dire qui songe ou qui radotte,
Par le sang bien on le croyroit.
Et sçavez vous quoy ? qui le verroit,
Sans sa longue robe fourrée,
En pourpoint, on le jugeroit
Une droicte souche couppée.

Mais elle, poac c'est une fée,
Ung bon petit corset bien prins,
Qui faict aussi bien la saffée,
Que femme qui soit au pays.
Tousjours ung tas de petit ris,
Ung tas de petites sornettes,
Tant de petitz charivaris,
Tant de petites façonnettes,
Petis gans, petites mainnettes,
Petite bouche à barbeter,
Ba, ba, ba font ces godinettes
Quant elles veullent cacqueter.
Elle m'a faict souvent monter
A cheval, faire mes effors,
Aller, chevaucher, tempester,
Et courir à cry & à cors.
Ung jour je venoye de dehors,
Sur mon hacquenet tout houlé,
Or estoys-je de son gent corps
Desja surprins & abbusé,
Et de faict j'avoye proposé,
Pour l'amour d'elle, d'estre fin,
Mignon, gorgias, bien prisé
Des Dames : là estoit ma fin.
J'entendoye assez mon latin,
Car pour estre plus fricquelet :
J'avoye le pourpoint de satin,
J'entens satin par le colet,
Et aux manches le chappelet
Joyeulx, la manche attachée
De velours à ung beau fillet
Troys doibs de large, la belle espée,
Robe à grant manche descouppée,
Affin que l'on veist là dessoubz.
Floc, floc faisoit ma hacquenée,
Quant elle vouloit marcher doulx,

Elle cuyda tomber deux coups,
Non pas tomber, mais el' choppa,
Les regardans estoyent là tous,
J'en ouy bien ung qui parla,
Et tout en raillant m'appella,
Et me dist que je chevauchoye
En clerc, en latin, tout cela ;
Mais par le sang bieu non faisoye,
Car seurement je me tenoye,
Genoux serrez bien empeschez,
Et me semble franc, que j'estoye
Pour faire bansler couvrechiefz :
Si ma beste feist ces meschiefz,
Et qu'elle cuyda faire ung sault,
Que voulez vous sang bieu, sçachez
Que je sçay bien ce qu'il luy fault :
Je vous chevauchoys royde & hault.
La pluspart des gens me suyvit,
Disans, vela ung beau ribault,
Se n'est pas dommaige qu'il vit.
Une Damoyselle me vit
A son huys à tout son attours,
Mais elle rentra, car elle craignit
Que ma beste ne luy feist paour ;
Et de faict je feiz tous mes tours,
On me veit de tant de maisons,
Que s'il eust faict ung peu plus jour,
On m'eust veu de delà les pontz.

   Or revenons à noz moutons,
Ma personne fust descenduë,
Et pour faire les comptes rons,
Je veiz ma Dame emmy la ruë ;
Je m'en voys la bouche tenduë
Là où elle estoit à sa porte,
Je la baise, je la saluë,
Demandant comme elle se porte :

El' ne me fit pas chiere morte,
Car tout autel el' me rendoit,
Et qu'il foit vray je m'en rapporte
Au page, qui me regardoit.
Ma Dame fçet bien ma venuë,
Lors elle m'a getté les doulx yeulx,
Quelz doulx regards ! quelz ris joyeulx !
Quel maintien ! quel doulce maniere !
C'eft voftre mignon fe m'aift dieux
Se va dire la chamberiere.
    Dieu gard' ma Dame : & puis quel chere ?
Que dift Monfieur ? eft-il gaillard ?
Autant vaulfift une commere,
Par ma foy ce n'eft que ung paillard,
Et fi n'eft-il pas fi vieillard,
Qu'il ne peut pener ou fuer.
Voire mais il eft fi fongeart,
Que à peine fe peult remuer,
Il eft à cheval pour rimer
Au refrain de quelque ballade,
Il ne fert plus que d'eftriver,
Ou de dire qu'il eft malade :
Baillez luy, dys-je, quelque aubade,
Quelque fecouffe, il s'amendera.
Ha ! dift elle, fa couleur fade
A grant peine fe changera.
Nous parlafmes tarin, tara,
Puis de Monfieur, puis de ma Dame,
Et me mift-on en telle game,
Que la Dame & la chamberiere
Me joncherent, l'une derriere,
L'aultre devant me regardoit,
L'une farfoit, l'aultre lardoyt :
J'eftoye fort en grace d'elle,
Parquoy je croy que on ne m'ofoit
Dire chofe qu'il ne fuft belle.

On parle de tel & de telle,
Mais pour ung galant amoureux
Je suis devenu gratieulx,
Se disoyent les gens, houppegay,
Et croy bien que l'on disoit vray,
De cela je n'en doubte jamais,
Et si vous dictz bien pour tous metz,
S'on euft esté beau pour mirer,
J'avoye les membres les mieulx faitz
Qu'au monde l'en sçeuft declairer;
J'estoye ung homme adventurier,
Gay, alegre, mignon, joyeulx,
Sang bieu à tout considerer,
Il sembloit que j'en fusse deux.

    Laissons ces soulas & ces jeux,
Ma Dame me print par la main,
Et promis lors devant ses yeulx,
De l'aller veoir le lendemain,
Et là devions nous plus à plain
Deviser : Or à Dieu ma Dame,
A Dieu dist-elle : mais sur mon ame,
Combien que puis j'en fus martyr,
Il me faisoit mal d'en partir.
Je m'en allay emmy la Ville,
Pour monstrer que j'estoye fricquet,
Ferme, duyt, & rusé du stille,
Esveillé comme ung saupiquet,
Pour dire pic, & pac marquet,
Qui est-il ? c'est ung tel, en somme
La belle bague ou l'affiquet,
Pour monstrer le chemin à Romme.

    En ce temps-là j'estoye ung homme
Franc pour dire, d'ont venez vous ?
Le beau mouchouer, voire ou la pomme,
En la manche faicte en deux coups,
Le hoquetton pourpoint dessoubz,

Anneletz

'Anneletz, vous m'entendez bien,
Les chausses percées aux genoulx,
Pour bien dire, mais ce n'est rien :
Il ne failloit que dire vien.
J'estoye prest, la robbe assez nette,
Je n'avoys rien qui ne fust mien,
Excepté sans plus la cornette
De velours, non pas trop honneste ;
Car elle sentoit son bas percé :
Mais vela pour boucher ma teste,
J'en estoye desja tout bersé.
  Or d'adventure je passé
Par une ruë sur le tard,
Mais Dieu sçet si j'en fuz farcé
Au vif ; il y eust ung Coquard
Qui m'appelloit, adieu gaignart :
Hay, hay, passion d'Antioche,
Qu'est-ce là ? que le diable y ayt part ;
Qui est-ce qui sur moy descoche ?
Se pensoys à moy, par sainct Josse,
Je suis perdu, ou je suis frit.
Il cryoit & chascun me veit
Vestu ainsy que l'Esplagant ;
Mais sçavez vous que l'on en dit ?
Par mon ame c'est ung fringant.
Je m'en allay tout en gigant,
Comme ung levrier qui se resveille ;
Bonnet renversé & guignant,
La belle ymage sur l'oreille :
Je foudoye carreaulx à merveille ;
Gay, alesgre, bien esmouché,
Et me muslay soubz une treille,
Pour attendre qu'on feust couché ;
A coup, avant estre huché,
Faire ce qu'on vouldroit : & puis
Tric, trac, sans estre effarouché,

K

C'eſt faict, c'eſt mon, adviſe l'huys?
Vela dequoy ſervent les nuytz,
Sommeille qui vouldra ſommeiller,
On n'a point peine à s'abiller ;
Après baiſer & fatroüiller,
Dire adieu par l'huys de derriere,
En effect vela la maniere.
　Or ſça ma Dame me parla
Du lendemain, la choſe eſt claire,
Que le gaudiſſeur y alla ;
Le m'en viens à l'huys, tac : qu'ella ?
Je regarday par la ſerrure,
La chamberiere je veiz là ;
Qui me vint faire l'ouverture
Par une vis, en ſa chambrette:
Quant je fus leans je prins cure,
De ſaluer la godinette.
Sa chambre eſtoit fort ſadinette,
Sans faire plus longue querelle,
Bon jour : je m'aſſis auprès d'elle,
Et puis comment va ? quel' nouvelle ?
Nous deſviſaſmes là de baves,
Et des beſongnes diſmes tant,
Et de langaiges, & de brigages,
Dequoy brief pas ne m'en ſouvient ;
Pour nous & à noz advantaiges :
Et entre aultres pour tous potaiges,
Ceſtuy-cy va, ceſtuy-là vien,
Ceſte là, ceſte cy vault bien,
L'une ayme l'autre, l'autre ayme l'une ;
L'une blanche, & l'autre trop brune,
Telz & telz, & telles & telles
Ne ſont ne trop beaulx ne trop belles,
On faict cecy, on faict cela,
On va par cy, on va par là,
Par tel pointz, & par telles choſes

On broüille , on cliquette , on noife ;
L'ung eft couard , l'autre eft hardy ,
L'ung veult lundy , l'autre mardy ,
L'ung eft rufé , l'autre gruppé ,
L'ung eft fort & l'autre huppé ,
En effect , vela , nous difons
Tant de regretz , tant de blafons ,
Tant de propos , tant de minettes ,
Et tant de façons fadinettes ,
Que par fa parolle mignotte ,
J'en cuydoye joüyr à ma pofte.
Tourner la main , ung aultre mot :
Le fang bieu je devenoye fot ,
Je la trouvay fi inconftante ,
En langaige fi vehemente ,
Que aulcunesfoys , pour vous le dire ;
Mon couraige le vouloit dire.
Mais quant je la veis ainfi rire ,
Lors par le corps bieu je n'ofay ;
J'efcoutay , & fi propofay ,
J'oüyz ung bruit qu'on demenoit ,
Dont incontinent je glofay ,
Que c'eftoit Monfieur qui venoit.
Las ! dift elle , s'il vous voyoit ,
Qu'eft-il de faire ? fe muffer ?
Mais montez en hault tout droit ,
Et vous en allez au grenier
Au foing. Je montay fans compter
Les degrez ; il vient , il caquette ,
Puis de Gaultier , puis de Jacquette ,
Il tance puis la chamberiere :
Et moy qui oioye le myftere ,
N'eftoye pas bien affeuré.
Se j'euffe marché ou viré ,
Et qu'il s'euft peu appercevoir
De moy , il y feuft venu veoir.

Le corps bien j'estoye resolu,
J'avoye tout cuyt & moulu ;
Je ne feuz pas pourtant si fol,
Que je n'entrasse jusques au col
Dedans le foing, & puis je prins
La belle botte, & la tins
Sur ma teste qu'on ne me vit :
Et pour me bailler le desduit,
Je vous oüys tantost le cry
De petites souris, pipi
Fortfuisans à mon oreille,
Parmy ce foing, c'estoit merveille.
D'autre part estoyent en bas
Les grosses parolles & debas,
De Monseigneur & de ma Dame,
Qui se combatoyent : c'estoit blasme,
Ilz estoyent, ie croy-je, tous deux
En leur chambre enfermés tous seulx,
L'ung parloit par une façon,
L'autre chantoit autre chanson,
C'estoit ung plaisir que d'y estre :
Car chascun vouloit estre maistre.
Le soir vint, il fault preparer
Le souper, & le vin tirer :
Monsieur fut sçis & appoincté,
Et dist-on *benedicite*.
Après souper voicy Charlot
Le paige, à qui on dist ung mot ;
Ce fut qu'il allast apprester
La mule, sans plus arrester.
Se feist-il, & se meist en point,
Et s'en vint au grenier au foing,
Une grande fourche en son poing,
De fer, & sans plus de riote,
Il vous vient cheoir sur ceste botte
Que je tenoye sur ma teste :

Or le dyable ait part à la feste
Le paillard paige fist merveille,
Car il fist si profonde enqueste,
Qu'il me va larder une oreille,
De la fourche. Je me refveille
Lourdement, & n'ofay mot dire ;
Charlot fe peine, & travaille
D'avoir la botte, il facque, il tire :
Je vis tout, & cuiday bien rire.
Il print à tirer, je la tien,
Il recula trois fois de tire,
Et jura Dieu qu'il l'auroit bien ;
Et fi la print ; adonc, rien, rien,
Il s'esbahit fort & reculle,
Qu'eft-ce icy ? dift-il, quel maintien ?
Dieu veult-il pugnir noftre mulle ?
Il prend fon chappeau & l'affuble,
Tout en barbetant, ba, ba, ba,
Et fans dire parolle nulle,
Il tira fi fort qu'il tomba.
Charlot adonc fe tempefta,
Dit qu'il n'y tireroit meshuyt,
Il trouffe fes panneaulx, & s'en va
Compter aux aultres le deduit.
Son maiftre vint ; j'oüyz le bruit,
Dont viens tu, clic, clac, fur fes joües,
Il frappe, il congne, & Charlot rit
Des groffes dens : dea tu te joüe,
Hon, hon, hon, quoy tant de moüe ;
Le plus beau ne fut dire mot.
Vela comment tourna fa roüe
Fortune ; au pouvre Charlot,
Encore fut-il bien fi fot,
Qu'il alla dire à Guilelmin,
A petit Jehan, & Phelippot,
Et y mift gaige avant la main.

Il monte, j'entendy le train,
Je saulx, & quis mon advantaige,
L'ung lieve le botteau de foing,
Povre Charlot perdit son gaige.
Vela comment Charlot le paige,
Fut du foing doublement pugny,
Chascun luy gettoit de la neige
Après, & se mocquoit de luy.
Le soir vint, il n'y eust celuy,
Ne celle qui n'allast coucher,
Et Dieu sçet se j'euz de l'ennuy,
Ceste nuyt, je n'osoye bouger;
Et me fist-on mon foing ronger,
Tout à par moy à ceste enseigne,
Que je commençay à songer,
Que faisoys chasteaulx en Espaigne.
Or affin que chascun appreigne,
Comment on y faict bonne chere,
J'eusse voulu avoir la taigne,
Et j'eusse esté en la riviere :
Je ne sçavoye tenir maniere,
Plustost couché dessus ces bottes,
Plustost dessus la cheneviere,
Plustost je descrottoye mes crottes.
J'avoye les fantasies si sottes,
Que ceste nuict de pointz en pointz,
Je devisay plus de cent cottes,
Et plus de cinquante pourpointz;
Et sans remuer piedz ne poingz,
Et tout en faisant bonne mine,
En songeant de près ou de loing,
Je me prins à dire Matines :
Er quant j'en euz bien dit deux lignes,
Je me levay lors sur mes piedz,
Et tout en ployant mes eschines,
Je voys regarder mes clochiers :

Je marquois plus de cent montiers
Où ilz n'avoyent esté jamais.
Or est-il minuyt pour tous metz,
Et ne voit on rien que la drille,
Parquoy je prenoye Beauvais
Aucunesfoys pour ceste Ville.
Le jour vint, vray comme Evangile
Je meis ma teste par un trou
Sur la court, la petite fille
Tenoit ung soufflet, hou, hou, hou,
Et souffloit, mais je ne sçay où,
En la cuysine ça & là.
Le jour devint grant pou à pou,
Je croy que Monsieur se leva,
Monte sur la mulle, & s'en va
Quelque part, faire sa trainée,
Je descens sans dire qui est là,
Je trouvay ma Dame levée.
Quant elle me vit, pour entrée,
Elle me bailla ung soubz ris,
Et pour dire vray, sa risée
M'estoyt ung petit Paradis.
Et vecy dequoy je me ris,
Et dont je me riray tousjours,
Car de tous mes maulx & perilz,
Elle me bailla deux fins tours,
Et me dist sans plus de sejours,
Pour toute resolution,
Que son mary dedans huyt jours
S'en alloit en commission:
Ainsy auray occasion
D'aller à l'hotel à mon aise.
Adieu ma Dame, or adieu don,
Dist-elle, mais ne vous desplaise.
Elle est assez fine & maulvaise,
D'enquerir se je n'ay rien dict,

K iiij

Pourtant je vous prie qu'il vous plaise
D'en diſſimuler ung petit.
J'en ay aſſez dit pour meshuy,
Et n'en diray plus pour meshouen ;
Tabourin, à mon appetit,
Beau Sire le petit Rouen.

*Fin du Monologue de la Botte de Foing.*

# CY
# COMMENCE
## LE MONOLOGUE
# DU PUYS,
### FAICT PAR COQUILLART.

ORRIERS mignons hantans ban-
quetz,
Gentilz, fringans, dorelos,
Portés vous plus les affiquetz,
Ne les robes de camelos?
Motes argenteufes, petis œillades,
Entretenés vous plus voz tours,
De faire donner les aubades
Que foulliés faire tous les jours?
Où eftes vous chantz de linottes
De chardonneretz, ou ferins,
Qui chantés de fi plaifans notes,
Soubz les treilles de fes jardins?
Où eftes vous les tabourins,
Les doulcines, & les rebecz,
Que nous avions tous les matins
Entre nous aultres mignonnetz?
J'ay veu que j'avoye Henriet
A faire mes charivaris,
Avec fon compaignon Jacquet,

Pour ſes Bourgeoiſes de Paris.
J'ay veu qu'eſtoye mignonnet,
Chantant entre les Damoiſelles,
Ung corps feſtis, ſade, gronnet;
Penſès qu'avoye des plus belles.
Vous ſemble-il point que pour argent
Qu'on peuſt jouyr de ſes amours,
Eſtre touſjours mignon fringant,
Portant cornette de velours?
Aultrefoys ay eſté en Cours
Pour faire balades, & rondeaulx,
Et ne dormoye ne nuytz, ne jours,
A penſer les termes nouveaulx.
Ung jour m'en aloye pas à pas,
Fort mignon, plaiſant & habile,
Tracaſſant, traignant le patin,
Car je ſçavoye bien mon ſtille,
Et entendoys bien mon latin.
Je vous eſtois miſte, friquet,
Habillé comme ung Gentilhomme;
Eſveillé comme ung ſaulpiquet
N'y avoit que pour moy; en ſomme
Les beaulx petit gandz, le bonnet,
Et la perrucque, bien pignée,
Pour dire morbieu pas ung pec,
J'eſtoys ung fringant à journée.
D'aventure comme je paſſoye,
Et m'en alloye tout en paix,
Sans que aucun mal y penſoye,
Se me dit ung, adieu *Joannes*,
N'oublie pas ton eſcriptoire.
Et je vous eſcoute, quoy voire,
Ha! ventrebieu, quel broquart,
Penſaige à moy, c'eſt ung coquart,
C'eſt la façon du temps qui court
De ſes varletz dymencheres

Qui font veftus fur le gourt,
De nous appeller tous *Joannes.*
Ilz portent les cappes couppées,
En la façon de maintenant;
C'eft quant leurs robbes font percées,
Pour eftre plus mignonnement.
Se vous les voyez tous les jours,
Quant ilz ouvrent de leurs meftiers
Leurs robbes veftus à rebours,
Vous diriés, fe font favetiers :
Et quant fe vient aux jours des feftes,
Ilz femblent tous gros tréforiers,
Ilz ne demandent que les feftes,
Pour aller aux nopces dancer,
Faire les vouftes, & faulter,
Affin qu'on die, c'eft-il, c'eft mon,
Par la mortbieu il dance bien,
Brief, c'eft ung gentil compaignon,
Et fi a ung très beau maintien :
Par mon ame c'eft grand dommaige
Qu'il n'eft porteur de cotherès,
Car il a ung très beau corfaige
Pour porter affez de grans fais.
Ilz vous portent, comme j'enten,
De beaulx anneaulx dedans leurs doitz
Qui font dorés de beau faffran,
Il femble que foient petitz Roys;
Et meĉtent la main au bonnet
Affin qu'on voye les anneaulx :
Pour dire j'ay ung afficquet,
Et n'ont pas vaillant deux naveaulx :
Au fort laiffons cefte faerie,
Et retournous à noz moutons;
C'eft une droiĉte refverie
D'ouïr parler de leurs façons.
Je m'en alloye delà les pons,

Avecques mon page Jacquet,
Monté fur une belle hacquenée,
Et penfés que j'eftoye dehet,
La belle robbe fourrée,
Les gentilz petitz brodequins,
Tracaffer par mons & par vaulx,
Aller, retourner par chemins,
Faire feu deffus les carreaulx,
Monfter partout mon beau corfaige.
Par le fangbieu c'eft grand dommaige,
Se dient les gens de Paris,
Il feroit ung beau perfonnaige
Pour eftre Abbé de fainct Denis.
Je ne penfoye point à leurs ditz,
N'à leurs parolles, n'à leurs devis,
Je penfoye bien à aultres jeuz;
Car me monftroye pour la Dame
De qui j'eftoye amoureux.
Et fi vous dy bien, par mon ame,
Que c'eft la plus mignonne femme,
Par Dieu qui foit point à Paris:
Car elle a le plus plaifant ris,
Les yeulx vers, la petite bouche,
Quant elle marche fur efpinettes,
Elle faict ung tas de minettes.
On dit celle femme n'y touche,
Se vous la voyez quant elle rit,
Vous diriés vela ung enfant,
Sans faire noife, hy, hy, hy,
Se faict elle tout bellement.
Je vous paffe incontinent,
Sans faire femblant ne maniere;
J'ay advifé la chamberiere,
Qui eftoit affife à la porte,
Viens à elle de bonne forte,
Et puis comment vous va, la belle?

Et très bien Monsieur, dist-elle,
Où avez vous demouré tant?
Par ma foy, j'ay esté dehors,
Où j'ay veu de bien mauvais temps.
Celuy dis-je par bons accors
Et puis, & puis où est ma Dame?
Que faict elle? y a il ame?
Ennement elle est sur le lict,
Elle repose ung petit,
Ce me dit lors la chamberiere.
Ouvrés moy dont l'huys de derriere,
Affin que j'entre en la maison.
Je n'oseroye pour le garçon,
Qui s'esbat emmy le jardin :
Mais Monsieur s'en va demain,
Se me dist-elle incontinent,
Et pourrés venir seurement
Ceans coucher avec ma Dame.
Je m'en voys sans penser à ame,
Rencontre mes deux compaignons;
*Bona dies* soit aux mignons,
Où allés vous? d'où venés vous?
Nous en allons en ung banquet,
Voulés vous venir avec nous?
Je vous renvoye mon haquet,
Par mon petit garçon Jacquet,
Et luy dis; apporte la torche,
Et te tiens au plus près du porche,
Affin que saiche où te trouver.
Quant nous fusmes tous en la salle,
Qu'est-il de faire? de dancer.
Et Dieu sçet se on faict la galle
A mener dancer ses bourgeoises.
Ces dorelotz, ces gorgias
Menoient les meilleures galoises,
On ne sentoit que muglias,

Marjolaines, & rommarins,
Giroflées, armeries, bouquetz ;
Arriere, arriere, ruftarins,
Nous entretenons les banquetz.
Quant nous eufmes dancé tous trois ;
Nous nous repofons ung petit,
Et regardons tous les fatras,
Les danceurs, & le bas deduit ;
Et de railler, & de dancer,
L'ung eft trop grant, l'aultre petit,
L'ung eft trop lourd à defmarcher,
L'autre a failly bien de deux pas,
L'ung ny fçet rien ne hault ne bas,
Et l'autre ce n'eft qu'un lourdault,
Il la meine trop lourdement,
Et faict fes faulx ung peu trop hault.
L'une contrefaict la mignotte,
L'autre a la maniere trop fotte,
L'une parle trop groffemment,
Et l'autre fi eft ung peu torte,
Et fe beffe ung peu en avant.
Quant nous eufmes bien coppié,
Et bien lardé, & devifé,
Je m'en viens droit au tabourin ;
Je vous prie fonnés moy le train,
Je veulx mener ma Damoyfelle.
Incontinent je vins à elle :
Ma Dame vous plaift-il dancer ?
Et grand mercy fe me dift-elle,
Ennement je ne puis aller ;
Et de rire, & de railler,
Se me dift l'un, hau perrucquet :
Et je m'en voys fans grand caquet,
Tant en fomme je me tapis,
Et m'en voys derriere ung tapis,
Tant que le bruit fe fuft paffé.

Je fuz fi lourdement farcé,
Par tel' façon, & tel' maniere,
Qu'euffe voulu avoir efté
Dedans ung fac en la riviere.
Quoy, fe difoient tous les danceurs,
Il fembloit qu'il n'y euft que pour luy,
C'eftoit le plus fort copieux
Qui fuft en cefte fefte icy.
Je m'en revins tout bellement,
Tout quoy par derriere le banc.
Il y avoit ung cordonnier,
Qui s'eftoit trouvé à la fefte,
Si s'en va ma Dame prier :
Sans aultre priere ou requefte,
S'en va avecques luy dancer.
Je vis cela, & d'enrager
De deuil, je fuz fi très honteux.
Et ne fuis je pas bien malheureux
Qui cuydoye eftre fi rufé,
D'avoir efté fi refufé,
Moy qui fuis gorgias mignon,
Franc, fraiz, fralé comme ung onguon?
Je ne fçay pourquoy ç'a efté,
Que j'ay efté tant reculé.
Ha ! par ma foy je fuis bien fot,
Je croy bien que c'eft pour ung mot
Que j'ay failly à la nommer;
Car quant la priay pour dancer,
Je vous l'ay appellée ma Dame,
Et devoye dire ma Damoifelle,
Là où j'ay failly par mon ame :
Pourquoy el' la me bailla belle.
Quant je veiz cela, je m'en voys
Sans dire adieu aux compaignons;
Ilz n'avoyent garde de me reveoir,
Ne que je leur diffe, danfons :

Mais m'en alay mon paige & moy,
Sans vous dire ne si ne quoy,
Veoir ma Dame par amours.
Je vous viens sans plus de sejours,
Allant tastant encontre l'uys,
Je regarde par ung pertuys,
Je veis venir la chamberiere,
Qui me vient ouvrir le guichet:
J'entre dedans moy & Jacquet,
Et m'en viens droit à la chambrette
Qui estoit bien fort mignonnette.
Comme j'entre, voicy le chien,
Qui sans dire ne si, ne rien
Et me vient saillir au beau col:
Et qu'esse cy bon gré sainct Pol?
Je croy que je suis malheureux;
Quant je suis levé au matin
Je ne pensoye pas à telz jeux.
    Or ça parlons d'autre latin,
Comment vous va mon musequin?
Où est Monsieur vostre mary?
Par ma foy Monsieur mon amy,
Il s'en va en commission.
Or, ça, ça, j'ay occasion,
De coucher ennuit avec vous.
Ha! Monsieur que dictes vous?
Je seroye deshonnorée.
Ne faictes point tant la sucrée,
Sçavez pas bien que m'avés dit?
J'aymeroye mieulx estre noyée,
Que vous en fussiez esconduyt.
Quant nous eusmes bien cacquetté
Et bien brouillé & tempesté,
Unze heures si s'en vont sonner;
Sus, sus, allez vous-en Jacquet,
Et pensez le petit hacquet,

Et luy faictes bien fa littiere.
On allume belle bourrée,
Je me defpoüille mon pourpoint ;
De beau fatin moult bien à point ;
Nous nous chauffons entan nous deux ;
Devant, & puis après derriere,
N'avoye garde d'eftre honteux :
Car je faifoye bonne chiere.
Vecy venir la chamberiere,
Qui va faire la couverture,
Et ma Dame s'en va coucher ;
Et moy après à l'adventure,
Sans plus cacqueter ne prefcher.
Quant nous fufmes tous deux couchez
L'ung près de l'aultre approchez,
Monfieur s'en revint fans blafon,
Qui avoit oublié des lettres
De ladicte commiffion,
Et luy eftoyent fort neceffaires.
Si frappe à l'huys, à coup, à coup ;
Tout efperdu, tout morfondu,
Mon amy vous eftes perdu,
Qu'eft-il de faire ? je fuis mort :
Je n'euffe ofé dire ung feul mot.
Or y avoit-il une feneftre,
Qui refpondoit deffus la court,
Je n'avoye garde d'eftre fourt,
Et je vous prens tous mes habis,
Mais je ne fçavoye où les mettre :
Je vous failly dedans le puys,
Qui eftoit devant la feneftre.
Je fiz ung grand flac dans l'eau ;
Je cuiday eftre là gellé,
Mais fe n'euffe trouvé le feau,
Par ma foy j'eftoye noyé.
Tantoft après on vint tirer

De l'eaue pour gayer les chevaulx;
Je ne sçavoye où me bouter,
Car je souffroye plusieurs maulx.
On prend la corde, & de tirer,
Vecy eaue moult fort pesante,
Se dit celluy qui la tiroit,
Se seau en pese plus de trente.
Et croyez qu'avoye grand froid,
Et se d'adventure il m'eust veu,
Comme estoye ainsy tout nu,
Il eust laissé la corde aller,
Pour me faire dedans noyer.
Dieu m'ayda bien à celle foys,
Aussi estoye bon Chrestien,
Je ne prisoye ma vie deux noix,
Ne faisoye plus compte de rien.
Quant je vous fus jucquez en hault,
Et moy de sortir ung beau sault,
Et celuy qui m'avoit tiré,
Fut si lourdement effroyé,
Que il cria alarme, alarme.
Vous eussiez oüy tel vacarme
Courir parmy ceste maison,
Car je vous jure sur mon ame,
Sembloit que fusse ung larron.
Et de saillir pour abreger,
Tout fin nu en belle chemise,
De mes abbis sans plus parler
Ne faisoye compte ne mise.
Encore, qui pis est, en allant
Je vous rencontre bec à bec
Deux ou troys ribaulx sergens,
Qui me mennent en Chastelet;
Car on venoyt de rompre ung huys,
Où il y avoit marchandise,
Et s'en estoyent trestous fouys.

Tout fin nuz, en belle chemife.
Pour ce qu'on me trouvera tout nud,
Tout efperdu, tout morfondu,
Je fus prins en lieu de ceulx-là;
Je n'entendoye pas bien cela,
Je y allay fauf mes bons droitz.
Et qu'eft cecy bon gré ma voys?
La mort bieu vous y viendrez.
Vela comment on nous chaftie,
Entre nous gallans amoureulx.
C'eft une droicte frainaifie
D'en tant parler, j'en fuis honteux.
C'eft une merveilleufe peine,
Je n'y veulx plus mettre ma cure
En cefte folle vie mondaine;
Je vous ay dit mon adventure.
Ung homme qui eft endurcy,
Se luy femble toute plaifance;
Au fort ne parlons plus meshuy,
Donnés moy une baffe dance.

*Fin du Monologue du Puys.*

La Table des Oeuvres de Coquillart promet le Monologue du Gendarme caffé, & celui des Perrucques, qui ne fe trouvent pourtant pas diftinguez.
La Piece fuivante dans toutes le Editions eft intitulée le
Monologue des Perrucques, le titre de Monologue
du Gendarme caffé luy convient mieux. Il y a une
citation dans Nevifan, l. 4. Sylvæ nuptialis, n.
97. qui donne lieu à un bien plus grand embar-
ras. Ce Jurifconfulte goguenard voulant, après a-
voir dit ailleurs mille maux des femmes, les jufti-
fier en cet endroit, allegue en leur faveur plufieurs
Ouvrages François, en ces termes mal arrangez, que
je vais, de peur de confufion, enfermer entre deux cro-

chets. [ *Et in lingua etiam Gallica* Guill. *Coquillart* in
lib. *des Droits nouveaux*, in *le Débat des Dames*, &
*des Armes*. In lib. *le trop tard marié*, & *de la lou-*
*ange & beauté des Dames*, & *le Purgatoire des mau-*
*vais maris* c. IX. *ubi late quam pœnam ibi inter*
*cæteros sufferat Matheolus bigamus, propter illud*
*opus quod composuit contra feminas. Et in libro*
*l'Avocat des Dames de Paris allans aux Pardons, ubi*
*respondet cuidam Prædicatori.* ] *Voila le passage* tout
*au long ; pour la saine intelligence duquel il faut prendre*
*garde que quand Nevizan après avoir cité Coquillart dans*
*ses Droits nouveaux, & dans son Débat des Dames &*
*des Armes, cite ensuite le trop tard marié, la louange &*
*beauté des Dames, le Purgatoire des mauvais maris, &*
*l'Avocat des Dames de Paris allans aux Pardons, l'on ne*
*doit pas s'imaginer que ce soient d'autres compositions du*
*même Coquillart. Ce sont quatre Ouvrages appartenans à*
*des Auteurs anonymes. François Hotman qui a copié dans*
*son* Matago de Matagonibus *les quatre ou cinq dernie-*
*res lignes de l'endroit de Nevizan, n'a point fait ceste di-*
*stinction, & faute de l'avoir faite a cité comme de Co-*
*quillart* le Purgatoire des mauvais maris, *&* l'A-
vocat des Dames, *&c. C'est ce qui a induit en erreur*
*la Croix du Maine pag.* 145. *de sa Bibliotheque, où*
*après le dénombrement ordinaire des Oeuvres de Coquillart,*
*il rapporte de plus les deux piéces seules mentionnées par*
*Hotman, passant, comme lui, sous silence* le trop tard
marié, *&* la louange & beauté des Dames, *il y a*
*apparence, quoi qu'il ne nomme point Hotman, qu'il s'en*
*est fié uniquement à lui, sans avoir vu le passage de Ne-*
*vizan.*

OMMES d'armes caſſez de gaiges
Comme moy par mont, & par val,
Sur les champs portant leurs bagages
A pied, par faulte de cheval :
Fortune me tient ſon vaſſal,
Povreté m'a en ſes abois,
Et ſuis, pour brief propos final,
En point comme ung brigant de boys :
J'ay perdu chevaulx & harnoys
A trois beaulx dez par mons & vaulx,
Ma lance eſt au grenier aux noix,
Qui ſert à ſeicher les drappeaulx,
J'ay mangé eſpée & houſeaulx :
Qui n'a point d'argent rien ne paye ;
Rendre me fault par mes aveaux,
En quelque vieille morte-paye.
Mon pourpoint eſt de vieille ſoye,
Deſrompu & tout decaſſé,
Et me nomme-on où que je ſoye,
Le gendarme fumeux caſſé,
Mince d'argent, povre endoſſé,
Nu & eſpris pour tout comprendre ;
Pour treſor que j'aye amaſſé,
Larron ne ſe fera ja pendre.
Tous les jours cens francs à deſpendre,
Monte de courcier & de Dame,
Emprunter aſſez, & rien rendre,
Eſtre ſaulvé de corps & d'ame,
Vivre dehait ſans eſtre infame,
Tousjours ſain & jamais malade,
Chaſcune nuyt nouvelle femme,
Ceſt le refrain de la ballade.
Tous les matins la belle aubade,
Viſaige frais & non hallé,
Bon corps pour faire la gambade,

Saillir , saulter , par long parlé ,
Vivre autant que Mathuffalé ,
Sans enveillir , vela le point ;
Le galant feroit bien pelé ,
Et puis chanter à contrepoint.
De drap de damas le pourpoint ,
Chauffes de trois efcuz la paire ,
Le mignon feroit bien en point
Fuft pour aller veoir fon grant pere ;
Caqueter avec la commere ,
Nu à nu dedans le beau baing ,
Ce feroit , par l'ame ma mere ,
Ma charge fans aller plus loing.
Chafcun fon beau pafté de coing ,
Mettre la main fur la mammelle ,
Puis fe tirer en quelque coing ,
Pour apprivoifer la femelle ;
Beau lict paré , la chambre belle ,
Les draps bacinez à fouhait ,
Hypocras , chevaucher fans felle ,
River , & habiter dehait.
Corps advenant , fouple jarret ,
Secourre , gantel , & mitaine ,
Cinc fix coups la lance en l'arreft ,
Pour joufter contre la quintaine ;
Le matin comme ung Capitaine ,
Le fagot , la belle bourrée ,
Puis la forte fiebvre quartaine ,
Pour faire une gauffre fourrée.
Le chaudeau Flamant , la purée ,
Pour reconforter le cerveau ,
Puis fe prendre à la marée ,
Et recommencer de nouveau ;
Chafcun fon beau pafté de veau
Aux moyeux d'œufz , le beau vin blanc ;
Que fault-il de plus ? ung cordeau

De la valeur d'ung petit blanc.
La nappe mife au long d'ung banc,
Faire la perrucque au bacin,
Rire, chanter, devifer, franc,
Ce n'eft meurtre ne larrecin;
Ung tour de bec, dire ung tatin,
Soubdain que la gouge en emmanche,
Luy rebailler le picotin,
Si l'inftrument ne fe defmanche.
De fin lin la chemife blanche,
Soy veftir le beau feu aux rains;
Et puis le geux à quelque branche,
Pour monftrer le chemin de Rains.
La belle eaue rofe à laver mains,
Trencher du carefme prenant,
Cornette fourée du moins,
Cela eft bien goute prenant.
Soy pigner demy heure ou tant,
Pantoufle haulte qu'on ne grille,
Payer la gouge tout contant,
Sequin fequet, fur une grille;
Partir, dire adieu à la fille,
Eft-on preft, la bouche laver,
De mefme le trou la cheville,
Tenir ferme pour enterver.
Courre de nuict, ribler, refver,
Porter ungz cheveulx d'abfalon,
Et tous les jours de ceft yver
Deux mules à chafcun tallon.
Habitz neufz felon la faifon,
Jufques en terre longue cotte;
Et rapporter en la maifon
Du moins pied & demy de crotte.
Planter ung beau rofier cheux l'hofte,
De l'hoftefle avoir la coppie,
Le bonnet renverfé de cofte,

Et au bout du nez la rouppie ;
Pomper, faire la queuë de pie,
Avoir d'or & d'argent à foiſon,
Pier de la plus gourde pie,
Mon ſouhait ſeroit-il pas bon ?
Trencher du gourt, avoir renom
De bouter courroucez, marris,
Et tant à Nente, qu'à Vernon
Faire cocuz pluſieurs maris.

 Ceſt trop ſouhaité, je m'en ris,
Autant d'eſcus que de feſtuz ;
Soit à Tours, Moulins, ou Paris,
Les eſcuz font battre les culz.
Par cy, par là, telz ſont cocuz,
Chaſcun n'a pas argent à tas,
Il fault porter dorer Bachus,
Pour entretenir les eſtatz :
Livrer la piece hault & bas,
L'aultre a failly de ſa promeſſe,
Femme pour embourrer ſon bas
Perdra plainement la grant Meſſe.
Telle dit, je viens de confeſſe,
Telle vend ſa denrée en gros,
L'aultre a ung couſſin ſoubz la feſſe,
Affin qu'elle ayt le cul plus gros.
Jehanne fait la beſte à deux dos,
Perrette eſt ung peu trop panſue,
L'aultre eſt feutrée ſur le dos,
Pource qu'elle eſt ung peu boſſuë ;
Alix a ſi chault qu'elle ſuë,
Bellot a ſes deux filles groſſes,
Quel deſcharger d'une maſſuë,
Et d'ung ravault ſur leurs endoſſes.
Saphis, dyamans, telz negoces,
Ribler, pomper ſoir & matois,
Pour eſtre plus jolyes aux nopces ;

La robe fourrée de putoys.
   Ceste-cy marche à contrepoix,
J'ay veu ceste-là en tel lieu;
A telle purée, telz pois,
Tout n'en vault rien, par le sang bieu.
On rit, on faict le babelu,
Soubz manche fourrée longue chappe,
*Breviter*, c'est le mal sainct Leu,
Il est heureux qui en eschappe.
On guygne, on rit, on fiert, on frappe,
Je vous dys par saincte Susanne,
Sans estre armé, ne pié, ne cape,
Chascun le faict, & je maine l'asne.
Nostre Curé viendra au sanne,
Pour veoir comme on aura vescu,
Bon jour Monsieur, Dieu vous gard' Jehanne,
Pour soupper il fonce ung escu,
Messire Jehan Maistre Locu,
De ces Officiers de pardons,
Faict trop tost mariés cocquu,
Soubz umbre de faire telz dons.
Jennin espleuche des chardons,
Maistre Presbtre se va jucher,
Le *dando* tranche des lardons,
Quant on va sa chair embrocher;
Robe fenduë à chevaucher,
Par devant le sercot ouvert,
Il ne la fault pas que racrocher,
El' n'y pert tout est recouvert.
Au beau preau la cotte vert',
Le *dando* faict boullir le pot,
Brief, c'est le Diable de Vauvert;
Sainct Anthoine arde le tripot.
Maistre Prebstre donra tantost
Dix escus, d'argent la saincture,
Il ne les donroit pas si tost

Pour faire une cloche à ſa Cure.
De la mode, eſtroicte veſture,
Le ſein ouvert, ſerrée, joincte,
Sainct Anthoine arde la monture,
Je n'y congnois ne cul ne pointe.
L'aultre faict ſemblant d'eſtre enſaincte,
Diſant quel' eſt preſte à geſir;
Et l'aultre ſoubz umbre de fainte
Eſt preſte de faire plaiſir.
L'une pour ung Millourt ſaiſir,
De l'œil gettera mainte larme,
Et l'aultre prent bien le loyſir
De partir quant & le gendarme.
Mes Dames ſans aulcun vacarme,
Vont en voyage bien matin
En la chambre de quelque Carme,
Pour aprendre à parler latin.
Frere Beruſle, & Damp Fremin,
Les attendent en lieu célé,
Sur la queuë de leur parchemin
Leur baillent leur beau blanc ſcellé.
On ilz bien gaudy & gallé,
En lieu de dire leurs matines,
Le vin blanc, le jambon ſallé,
Pour feſtoyer ces pelerines.
Après on recloſt les courtines,
On accolle frere Frappart,
En baiſant ilz joignent tetines,
Le grant Diable y puiſt avoir part.
Le jour poingt, on faict le départ,
La cloche ſonne le retour,
On s'abille de part en part,
Adieu, bon jour juſques au retour.
Mes bourgeoyſes ſans nul ſejour,
Partent & ſe mettent en voye,
Ung peu devant le point du jour,

Affin que nesung ne les voye :
Et sans prendre charbon ne croye,
Au ruysseau crottent leurs souliers
Affin que Jennin Dada croye
Qu'ilz viennent de Haubervillier.
Moynes, Prebstres, & Cordeliers
Prennent avec elle deduyt,
Sans craindre en riens les escolliers,
Car ilz ont leur beau sauf-conduyt.
On vient à l'hostel, c'est bien dit,
Jennin dit, vous mettez assez :
Ma bourgeoyse sans contredit,
Respondra, tousjours vous tensez,
Ennement que bien le sachez,
De travail le fronc me degoutte,
Je viens de sainct Mor des Fossez,
Pour estre allegée de la goutte.
Le mary la croit, somme toute,
Vela en recepte & en mise,
Plusieurs niays s'y ont sans doubte,
Ainsy du vent de la chemise.

  Après disner par bonne guise,
S'en va veoir quelque aultre escollier,
Disans je m'en voys à l'Eglise,
Au sermon du bon Cordelier.
Puis après on monte au solier :
Bien venez, car je vous attends ;
Avec le chien au grant collier
Elles se donnent du bon temps.
Tel & tel si mache du sans,
On donne à leurs femmes tissus,
Et en font aussi innocens
Que Judas de la mort Jesus.
Coquins, niays, sotz, joquesus,
Trop tost mariez en substance,
Seront tous menez au dessus,

Le jour sainct Arnoul à la dance.
Telles sans prendre desplaisance,
Si ont à leurs fines querelles,
Pour mieulx ribler à leur plaisance.
Toutes propres leurs macquerelles.
Quand au reguard des Damoyselles,
Grosses bourgeoyses, Gentilz-femmes,
Il n'y a que redire en elles;
Elles sçavent trop bien leurs games.
Tout bien, tout honneur est en Dames,
A ung chascun je l'admoneste,
Ceulx qui les blasment sont infames,
En eulx n'a façon deshonneste.
Tant aux jours ouvriers qu'à la feste,
A Paris ung tas de bejaunes,
Lavent troys foys le jour leur teste,
Affin qu'ilz ayent leurs cheveulx jaunes.
Varletz, cousturiers, pelleurs d'aulnes,
Paveurs, & revendeurs de pommes,
Ont longue robe de cinq aulnes,
Aussi bien que les Gentilzhommes.
Les ungs dient qu'ilz en ont à sommes,
Les aultres s'abillent tout ung,
Plusieurs fringuereaulx, briefves sommes,
Fringuent & si n'en ont pas ung.
L'ung mengue le povre commun,
L'aultre porte estat non pareil,
A leur parler tout est commun;
Tierry dort sans avoir sommeil,
Robin est vestu de vermeil,
Charlot a une verde hucque,
Hector se pourmaine au soleil
Pour faire secher sa perrucque.
Richard trenche du vaudelucque,
Simon a du drap figuré,
Michault a pourpoint si caducque,

Que le corps eſt tout deſſiré.
C'eſt on pigné, c'eſt on miré,
Les cheveulx treſſez nous portons;
Le bonnet deſſus l'œil tiré,
Eſtendus comme heriſſons.
Les ungs ſi ont les cheveulx blonds,
Pignez & frandez à merveilles;
Et les aultres ſi les ont longs,
Pour ce qu'ilz n'ont nulles oreilles.
   Habitz de modes non pareilles,
Pourpoins de drap d'or longs au cours,
Chaiſnes, coliers, plumes vermeilles,
Appartiennent à gens de Cours.
Mais ung tas de merdereaulx lours:
Ung oultre cuydé, ung folaſtre,
Aura ung pourpoint de velours,
Contrefaiſant du gentillaſtre.
Tiſſerrans, meſureurs de plaſtre
Fringuent & font des Capitaines;
Je leur donne pour faire emplaſtre,
Les ſanglantes fievres quartaines.
   D'aultre part fringeurs à huitaines
Ont chaines d'ung marc, d'une livre,
Pour faire valoir leurs fredaines,
De beau laiton, ou de cuyvre:
Ils n'ont point de page à les ſuyvre,
Robbe doublée de tafetas;
Chaſcun d'eux ſi n'a dequoy vivre,
Et veulent porter telz eſtas.
Ilz ſe pourmainent hault & bas,
Fringuans, faiſans les perruquins,
Quant la chauſe eſt rompuë par bas,
Ilz chauſent ungz vielz brodequins.
Tric, trac, on traiſne les patins,
C'eſt à tel brouet telle ſaulce,
Et desjuner tous les matins,

Comme les Escuyers de Beaulce.
Qui se courrouce se deschausse,
De bras je n'en trousse ne pousse,
Devant que nul ne se desbauche,
Sur les Gentilzhommes ne touche;
Il joüera mieulx que maistre Mouche;
Qui me prendra en desarroy:
Qui sera morveux si se mouche,
Je ne crains que Dieu & le Roy.
Sans demander ne qui ne quoy,
Plusieurs coquars sont bien en point,
Et ne sçauroyent tenir dequoy
Payer la façon d'ung pourpoint:
Ilz n'ont d'argent ne peu ne point,
Par pour leurs vieulx houseaulx refaire;
Fringuer, faire le contrepoint,
C'est aux Gentilzhommes à faire.
Mais cuydant qu'ilz ayent dequoy faire
Mal repeuz, maintenant saoulez,
Pour mieulx la fringande parfaire,
L'eaue passe parmy leurs souliers:
Ilz sont fringans du bois levez,
Et puis pour hanter entre gens,
Leur bource plaine de gettoers
Pour dire qu'ilz ont de l'argent.
Tel pompe, & faict du regent,
Disant j'ay des escuz une pille,
Tel est bien paré, frisque & gent
Qui ne sçait ne croix ne pille.
Les aultres sans offence ville,
Se pourmainent par mons par vaulx;
Et sont housez parmy la Ville,
Pour dire qu'ilz ont des chevaulx.
Tant de peine tant de travaulx,
Pour en faire plus largement,
Par Monsieur sainct Briol des Vaulx;

Ilz n'ont ne cheval ne jument.
Devant l'estomac proprement,
Le beau fin mouchouer de lin;
Mais la chemise est souvent
Grosse comme ung sac de moulin.
Les ungz par leur fin jobelin,
Fournissent à l'apoinctement;
Les aultres par leur pathelin,
D'un *cedo bonis* nettement;
Telz sont vestuz honnestement,
Ilz fringuent trop & si n'ont riens :
Pour avoir du drap largement,
Il faut obliger corps & biens.
En effect vela les moyens,
Plusieurs sont par leurs haulx habiz;
Après menez comme beaux chiens,
Pour faire leur pain de gros bis :
Les aultres par folz appetiz,
De la queuë d'ung cheval painte,
Quant leurs cheveulx sont trop petiz,
Ilz ont une perrucque faincte.
Puis qu'ilz ont la teste si ceinte,
Vrayement j'ay bonne intention
Que aucun d'eux seront d'une faincte,
Mais qu'on jouë la Passion.
Et s'on fait quelque fiction
Le jour du Sacrement, l'ung d'eux
Jouera l'Annonciation,
Pource qu'ilz ont si beaux cheveulx.
Cuidez vous qu'ilz seroient peneux,
S'en salvent Dieu & ses Sains,
Se le vent emportoit par neux
Leur perrucques de cheveux fains.
Ainsy que Lombars & Romains,
Ilz portent ungz cheveulx de laine,
Tous propres, pignez, & bien paingz;

Pour joüer une Magdaleine.
En priant que très bonne estraine,
Vous veüille octroyé le vaudelucque,
Et qu'il veulle envoyé la teigne
A ceulx qui ont telle perrucque.

*Fin des Oeuvres feu Maiſtre Guillaume Coquillart*
*Official de Reims.*

BALLADES

# BALLADES

## ATTRIBUEES

## A GUILLAUME

## COQUILLART.

Tirées de l'Edition *in* 4° gotique, à Paris chez
Allain Lotrian.

*Complainte de Echo, qui ne peult joüir de ses amours,*
*commence de Echo & de Narcisus.*

ECHO querant ses mondaines plai-
sances,
Cuidant venir de son fait au dessus,
Non regardant les très dures vengen-
ces
Que les haux Dieux contre elle avoyent conceuz ;
Fut surprise de l'amour Narcisus,
Par quoy depuis endura maintz travaulx :
Desir d'aymer passe tous autres maulx.

Tant y ficha son cueur & son courage ;
Et tellement à l'aymer s'employa,
Que sans garder d'aultres Dames l'usage
D'estre priée, elle mesme pria ;
Vers Narcisus assez se humilia,
Mais rien ne fit pour son humilité ;

M

Grand' privaulté engendre vilité.

Après pluſieurs amoureux paſſemens,
Regards, eueillades, petis charivaris,
Qui tous ſervent aux grans embraſemens,
De cueurs humains, & mondains eſpritz;
Echo ſans plus après pluſieurs ſoubzris,
Ung ſeul baiſer requiſt à Narciſus:
Riens n'eſt ſi dur en amours que reffus.

Par ſon orgeüil fier, & preſumption,
Depit, outrage, & felonnie nature,
En ſe mirant par grant elacion,
A ſa beaulté & plaiſante ſtature,
Euſt en deſdaing la povre creature,
Sans la laiſſer parvenir à ſon eſme:
C'eſt bien congneu qui ſe congnoit ſoy-meſme.

Et en effet par l'inhumanité
De Narciſus qui le baiſer deſnie,
La povre Echo par grande auſterité,
Uſa en pleurs le ſurplus de ſa vie;
En gemiſſant fut en voix convertie,
Et endura mutation ſubite:
Ung cueur piteux en larmes ſe delite.

Ce Narciſus après conſiderant
Que par ſa Dame avoit eſté prié,
S'en orgueillit, & tout en ſe mirant,
Après qu'il euſt glorifié,
Pour le vouloir des deux fut toſt mué
En une fleur, qui ès fontaines croiſt:
Orgueilleux cueur ſoy-meſme ſe deçopt.

Notez enfans; car comme la beaulté
De la fleur eſt incontinent paſſée,

L'honneur du monde qui n'eſt que vanité
En un moment eſt auſſi abaiſſée ;
Si a eſté ceſte hiſtoire braſſée ,
Pour ceulx qui fiers & trop orgueilleux ſont :
Dieu & Nature ſans cauſe riens ne ſont.

## *Ballade contre les Princes.*

Princes qui tenez les très grans Eſtatz ,
Sans regarder la façon & maniere ,
Vous courroucez tant de gens en un tas ,
Que pour vous va çen devant derriere ;
Pour ce maintenez pour raiſon droituriere ,
Car en ce printemps & nouvelle ſaiſon
Les Vers Manteaulx en feront la raiſon.

Que penſez vous ? prenés vous voz esbatz
A mettre ſus une telle matiere ?
Pour ce moyen vous forgez grans debatz ,
Qui dureront au moins l'année entiere;
Et vous dis bien ſe ce temps dure guere ,
Et Dieu reçoit de chaſcun l'oraiſon ,
Les Vers Manteaulx en feront la raiſon.

Vous faictes tant de gens crier helas
En haulte voix , faiſant à Dieu priere ,
Ou enſemble tous puiſſez deſcendre en bas
Au puis d'enfer la teſte la premiere ;
Car auſſi bien ſont metaulx champs baniere
Ce temps d'iver , vous verrez qu'à ſaiſon
Les Vers Manteaulx en feront la raiſon.

Prince regarde à qui baillé tu as
Toute la charge de ta noble maiſon ,
Et penſe bien comment garder pouras ;
Les Vers Manteaulx en feront la raiſon.

## RESPONSE.

Tous qui parlez des Princes & Seigneurs,
Qui aux Eftatz ont leur haulte main mife,
Et les charges de plaintes & clameurs,
Que chafcun fait endroit foy à fa guife;
Au grant Confeil eft la chofe remife,
Maiftre Denis qui a tousjours faifon,
Aux Vers Manteaulx oftera la toifon.

Puis ferez en toutes vos erreurs,
Et congnoiftrez que c'eft folle entreprife
Il n'y aura grans petis ne greigneurs,
Que leur deffence ne foit tousjours amife;
Mais fe l'en voit quel' raifon foit defmife,
Ceftui bon maiftre qui fçet plumer toifon
Aux Vers Manteaulx oftera la toifon.

Vous menaffés foubz couvertes couleurs
Ceulx qui craignent les grans vent de bife,
Et propofez que vous font vos douleurs
Pour mal entendre le tout à voftre guife;
Mais fe par vous banniere eft aux champs mife,
Le vray ouvrier qui congnoift la maifon
Aux Vers Manteaulx oftera la toifon.

Princes penfez à toutes ces aigrures,
Pour tous ceux-là qui ont la defraifon,
D'entretenir qui mieulx à ces rigeurs
Aux Vers Manteaulx oftera la toifon.

## RESPONSE.

S'il advient les Manteaulx Vers
Ayent cours comme chafcun penfe,

Et que tout voise de travers,
Je dis ainsi que l'en commence ;
Mal content ayez esperance,
Congnoissez que le temps l'applicque ;
De ramener sans difference
Ung autre nouveau bien publique.

Soubz umbre de sermens couvers
On baille à qui l'en veult puissance,
Mais les faitz seront descouvers
S'il plaist à la divine essence ;
Lors on verra la consequence
De leur faulce & dampnée pratique :
Car par eulx reviendra en chance
Ung autre nouveau bien publique.

Ung tas de rassotez couars,
Ont voulu par leur aliance,
Fraper à tort & à travers
Sur les bons serviteurs de France ;
Qui fut la vraye cause & substance
Du jadis mauvais bien inique,
Et les Seigneurs plains d'arrogance
Forgent ung nouveau bien publique.

Ha ! Prince de haulte excellence
On te met en ung grant picque,
Car soubz ton manteau d'ignocence
Se forge ung nouveau bien bublique.

## *Ballade contre les Manteaulx.*

Vous verrez Manteaulx appellez vers de terre,
Qui sans raisons vous plaignez des Estatz,
Advisez se la paix ou la guerre,
Lequel des deux pour prendre vos esbatz
M iij

Vous vauldra mieulx ; car je croy ung tas
Se n'y penſez par bonne occaſion,
Arbres & fourches en feront la raiſon.

Quant on vouldra ſerez tenuz en ſerre
De ſi très près, que vous criez helas ;
Que vous fault-il ? querez vous la deſſerre
Des malheureux tombés juſques au bas ?
Je vous prometz que deſditz & debatz,
Arbres & fourches en feront la raiſon.

Aller vous fault gens paoureux ailleurs querre
Que ceſte Court, ce n'eſt pas voſtre cas,
Tirez avant, ce n'eſt pas autre erre,
Et que ce ſoit plus viſte que le pas ;
Ou autrement pour le juſte compas,
Pour le plus tard celle noble ſaiſon,
Arbres & fourches en feront la raiſon.

Prince Royal qui devez tous conquerre,
Ne pardonné ſi grande deſraiſon
A telz mignons, qui pour devoir aquerre,
Arbres & fourches en feront la raiſon.

*Ballade quand on cria la Paix à Reims.*

Vous eſpritz & vertueux courages,
Plaiſans, honneſtes, royaux, & pacifiques,
Sallez à cop, de voz nobles bernages
Engins ſubtilz, caulx & ſcientiques,
Et regardez les œuvres deifiques
Dont Dieu nous a ſi grandement douez ;
Que tous nous deux ſont aujourd'huy muez
En joyes, en chantz, en plaiſirs, & jeux
Par ces trois Dames leſquelles cy voyez,
C'eſt France & Flandres, & la Paix entre deux;

Vouloir divin a produit ces ouvrages;
Par luy sont faitz ces œuvres mirifiques,
Du ciel sont cheutes ces plaisantes ymages,
Doulx maintiens & humains Angeliques;
Ne sont ce pas precieuses reliques ?
Pensez que ouy, ainsi fault que croyez;
Et pource enfans soyez tous avoyez
De rendre loz à Dieu celestieulx,
Pour ces trois corps qui vous sont envoyez;
C'est France & Flandres, & la Paix entre deux.

Tremblez à coup envenimez langaiges,
Cueurs desloyaulx & gens diabolicques,
Pervers, maulditz, plains de crueux outraiges;
Ne descordez à ces joyeux canticques;
Muer vous fault voz lances & voz picques,
Et que d'armures vous soyez desarmez,
Affin que mieux cest paix advoüez,
Et que de cœur loyaux & vertueux
Vous maintenez tousjours ces pointz liez,
C'est France & Flandres, & la Paix entre deux.

Prince François, tes faitz glorifiez
Nous gratulons d'ung desir couvoyteux,
Puisque ces trois ensemble alliez,
C'est France & Flandres, & la Paix entre deux.

*S'ensuivent les Vers que la Pucelle dit au Roy, en luy presentant les clefz de la Cité de Reims, quant il y vint prendre son Sacre l'an 1484. & entra audit Reims le 29. jour de May.*

## ET PREMIEREMENT.

Nostre Roy Prince & Souverain Seigneur,
Très-chrestien nommé par excellence,

A qu'il est deuë gloire, louenge, honneur,
Subgection, amour, & reverence,
Vostre Cité de Reims obeyssance
Vous fait pour moy qui cy la vous presente,
Et de franc cueur en vraye confidence
Les clefz des portes humblement vous presente.

### TRADOGON.

Roy très puissant mon Souverain Seigneur,
Reims très ancienne par grande humilité
Son cueur vous œuvre par excellent honneur,
Vous promettant garder fidelité.

# TABLE

Recueil, foit tenuë pour deuëment fignifiée, & qu'aux co-
pies collationnées par l'un de nos amez & feaux Confeillers
& Secretaires, foy foit ajoutée comme à l'original; Com-
mandons au premier noftre Huiffier ou Sergent de faire pour
l'exécution d'icelles tous actes requis & neceffaires, fans demander autre permiffion & nonobftant clameur de Haro
Charre Normande & lettres à ce contraires : Car tel eft noftre plaifir. Donné à Paris le dix-huitieme jour du mois de
Septembre l'an de grace mil fept cent vingt deux, & de
noftre Regne le huitieme.

DE S. HILAIRE.

*Regiftré fur le Regiftre V. de la Communauté des Li-
braires & Imprimeurs de Paris, page 209. n°. 232.
conformement aux Reglemens, & notamment à l'Arreft
du Conseil du 13 Aouft 1703. A Paris le 28 Septembre 1722. figné* BALLARD *Syndic.*